福澤諭吉と慶應義塾の歳時記

齋藤 秀彦・文
信時 茂・絵

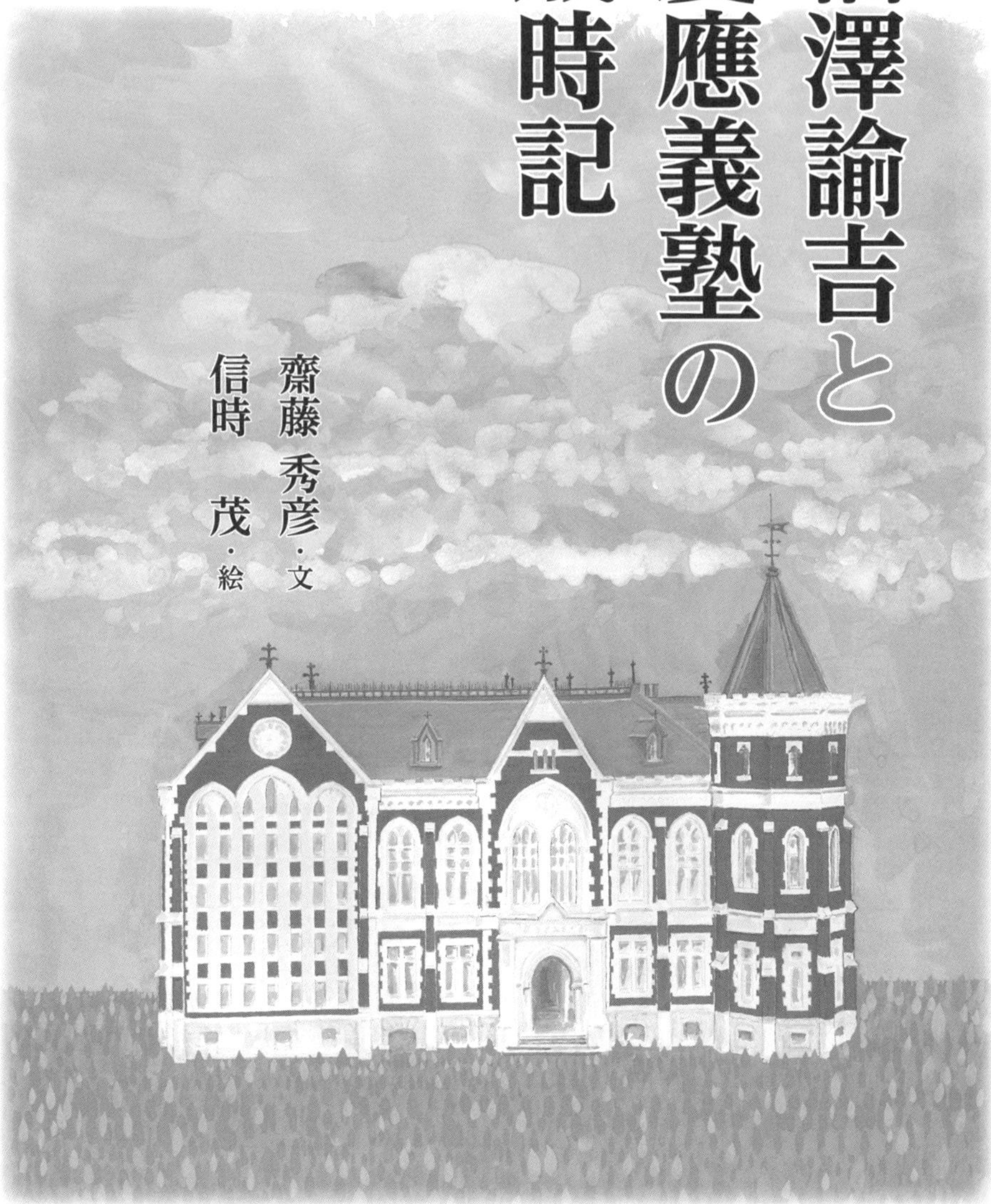

泉文堂

福澤諭吉（明治15〔1882〕年撮影、47歳）
（慶應義塾福澤研究センター）

明治40（1907）年ごろの慶應義塾（三田山上）
（提供：慶應義塾図書館）

近年の慶應義塾三田キャンパス（2016年撮影）
（提供：慶應義塾広報室）

はじめに

福澤諭吉や慶應義塾の歩みから近代史を学ぶ

この原稿を書き始めたきっかけは、「福澤諭吉や慶應義塾の出来事を通じて、近代史を学んでほしい」という発想からでした。人間も、学校も、その時代の空気や政治経済、文化などと無関係に生きていくことはできません。福澤のような偉人であっても歴史の流れを超越することはできません。福澤や慶應義塾の足跡は、近代日本という曲がりくねった道の上に残されています。足跡を辿ることは、この道がどんな道であったのかを知る手がかりになることでしょう。

季節に合わせて出来事を紹介する

しかし、何年に何が起きたと、年代順に学んでいくのは、歴史好きの人ならば良いのでしょうが、そうでない人にとっては、苦痛でしかないように思います。ならば、年代順に並べるのはやめにして、一年を通じて学ぶとしたら、その季節に合わせて出来事を紹介していくのが良いのではないかという考えに至りました。現代に生きる私たちは、日頃の多忙や都会での生活の中で、四季の移ろいを感じとりにくくなっています。一方で、そうであるからこそ、日本人が古くから感じてきた季節の変化、それを言葉にした二十四節気や七十二候に光を当てようとする動きも見られます。これを参考にして、二十四節気ごとに福澤や慶應義塾に起きた出来事を紹介する「歳時記」のスタイルが固まりました。

本書のもととなる原稿は、二〇一一年から足かけ六年かけて少しずつ書いてきたものです。福澤流の言い方をすれば、「仕事の余暇、随時に記す所」をまとめたものと言えます。同じ人間であっても、六年の幅があると書き方や調子に違いが出るものです。また、本書は、大人はもちろん、中学生や小学校の高学年生が背伸びをして読めるようにと思って書いているつもりです。しかしながら、やや難しい言葉を使ったり、易しいものになりすぎたりと、書き溜めたものを通して読むと、時々によって、自分の設定しているラインのようなものが、真っ直ぐではなく凸凹していることが分かりました。こうしたものをできる限り調整し、また章によってばらつきの多かった字数も、加筆や削減をして合わすことによって、一冊の本としての体裁を整えました。

絵を通して季節の移ろいを感じられる

さて本書の目的は、「福澤や慶應義塾の出来事を通じて近代史を学ぶ」ことにあると先述しましたが、これを二十四節気の切り口から編集し直した時点で、もう一つの目的が増えました。それは、読者に「季節の移ろいを感じてもらう」ことです。本文の中にある出来事のいくつか（「夏は真実のはだか」や「銀杏」、「赤穂浪士」など）や二十四節気の紹介でも、それを伝えることはできるかもしれませんが、それだけでは物足りなさを感じます。やはり四季折々の様子をあらわすには、絵を欠かすことはできません。そこで、同僚で図画工作科の教諭である信時茂氏に描画をお願いしました。信時氏の専門は彫刻ですが、時折目にする絵画作品は、常にやさしさとあたたかさに包まれており、日本の二十四節気を描くにはぴったりだと思っていました。そして、ふたを開けてみれば、思った通り、いえ期待以上のタッチで季節の様子を描いてもらえました。文と絵が一体となって、ようやく本書が一つの形になりました。

自在に読み進むことができる

歴史好きではない人たちには、年代順に出来事を追いかけるのは苦しいのではないか、と書きましたが、一方で本来、歴史を学ぶには点ではなく線で、つまり時の流れに乗って学んでいく方が良いという見方もあると思います。そういう方たちには、巻末の「福澤諭吉と慶應義塾の歩み」を開き、年表の最下段にある「関連する章」の番号を年代順に読む方法もあります。この順番でいくと、本書は、二十三章の「福澤諭吉誕生日」から始まり、二十章の「三田祭」で幕を閉じることになります。気が向いたときに、気になる節気のページを開くのでも良いでしょう。読者には、本書を自在に読み進めながら、さまざまな出来事の背後にある時代の空気を感じてもらえれば幸いです。

おわりに、本書でとりあげた事柄は、これまでも様々な資料でまとめられ、語られてきたものばかりです。著者は、それらの資料を集めて整理し、文章にしただけであり、改めて先人の方たちの蓄積がいかに貴重な財産であるかを思い知らされました。時間をかけて丹念にまとめ上げられた資料群には驚かされ、また頭が下がる思いもしました。一人ひとりの名を挙げることはできませんが、参考文献に記載した書籍の著者、編者の方々には、改めて敬意を表します。また、書き溜めた原稿を一冊の本として、世に送り出すことができたのは、泉文堂社長の大坪克行氏の後押しと、編集を担当いただいた佐藤光彦氏の熱意と編集力によるところが大きいことは言うまでもありません。ここに深く謝意を表します。

二〇一八年三月

著者　齋藤秀彦

目次

二十四節気

春
夏
秋
冬
立春
雨水
啓蟄
春分
清明
穀雨
立夏
小満
芒種
夏至
小暑
大暑
立秋
処暑
白露
秋分
寒露
霜降
立冬
小雪
大雪
冬至
小寒
大寒

福澤諭吉と慶應義塾の歳時記

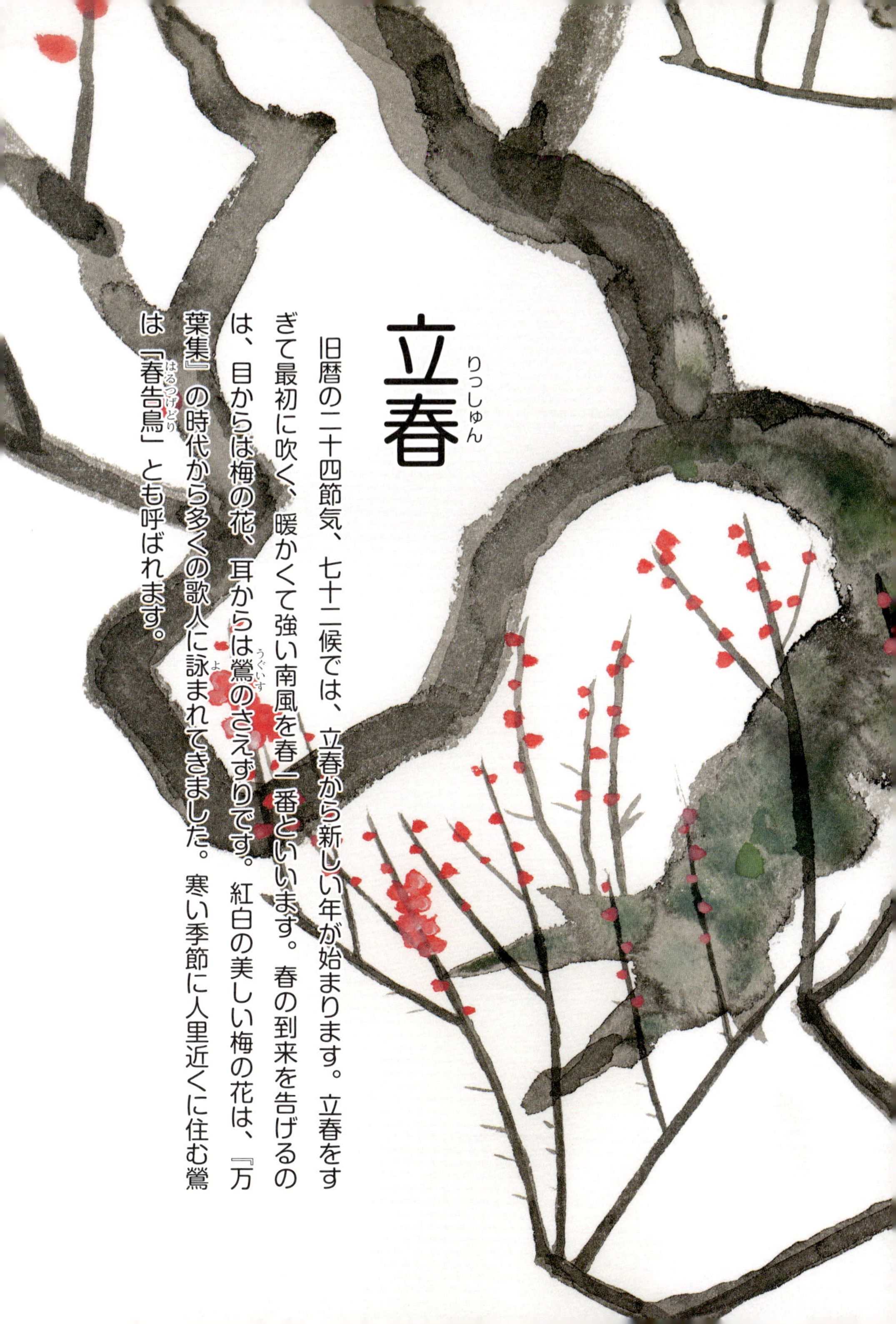

立春《りっしゅん》

旧暦の二十四節気、七十二候では、立春から新しい年が始まります。立春をすぎて最初に吹く、暖かくて強い南風を春一番といいます。春の到来を告げるのは、目からは梅の花、耳からは鶯《うぐいす》のさえずりです。紅白の美しい梅の花は、『万葉集』の時代から多くの歌人に詠《よ》まれてきました。寒い季節に人里近くに住む鶯は「春告鳥《はるつげどり》」とも呼ばれます。

一　学問のすゝめ

「天は人の上に人を造らず人の下に人を造らずと云《い》へり」の名文に始まる『学問のすゝめ』は、福澤諭吉の代表作と言えるでしょう。

江戸の幕府が倒れて、明治政府が誕生しても、福澤の心は晴れやかではありませんでした。なぜなら、新政府の中心となっているのが、外国人を武力をもって追い払おうという攘夷《じょうい》の考えから倒幕《とうばく》運動を起こした人たちだったからです。幸い、新政府はこれまでの風習を改め、海外の進んだ法律や社会のしくみ、技術などを積極的に取り入れる方向に進みました。そして、明治四（一八七一）年の廃藩《はいはん》置県《ちけん》によって、藩主は職を失い、新しくできた県には、中央政府から県令が派遣されました。こうして、大名などの藩主を頂点とした身分制度が一夜にしてなくなったのです。「天は人の上に人を造らず・・・」は、まさに、このような新しい時代の幕開けを感じ取った福澤の宣言文であり、数百年の間、身分制度に慣れてきた日本中の人々にとっては、衝撃的《しょうげきてき》な文章となったのでした。

「天は人の上に人を造らず・・・」は、最後に「云へり」とあるように、もとは福澤自身が言った言葉ではありません。一七七六年、アメリカの十三の植民地がイギリスからの独立を宣言した「アメリカ独立宣言」の中にある「All men are created equal」を福澤が訳したものではないかと言われています。もとがあるとはいえ、その歯切れのよい日本語での表現は福澤独自のもので、多くの人が口ずさむ一節となりました。

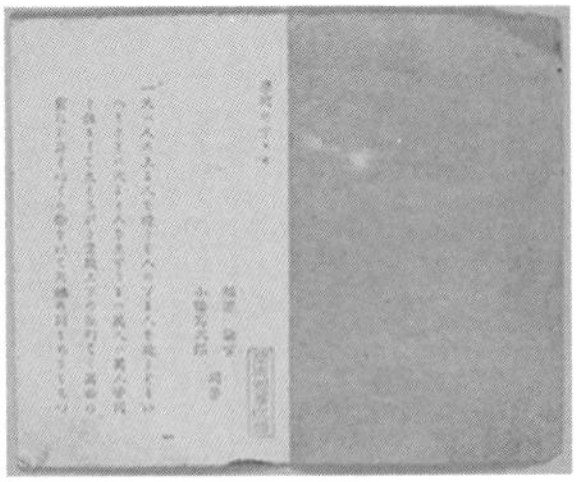

『学問のすゝめ』初編
（慶應義塾福澤研究センター）

福澤は、もともと『学問のすゝめ』を広く出版するつもりではありませんでした。廃藩置県を受けて、福澤は故郷の中津藩の旧藩主奥平《おくだいら》家と旧藩士に英学校を開くことを勧めました。こうして、中津市学校が開設され、福澤の門下生で中津出身の小幡篤次郎《おばたとくじろう》が初代校長となりました。この時、福澤が市学校に学ぶ青年たちに向けて新しい時代の学問のあり方を説いたのが『学問のすゝめ』

小幡篤次郎
（慶應義塾福澤研究センター）

だったのです。これが好評で、中津の人のみでなく、広く世間に伝えれば有益だろうとの意見を受けて、明治五年二月に『学問のすゝめ』初編が出版されました（こうした経緯から、初編は、福澤と小幡の共著となっています）。

福澤は、最初は続刊を考えてはいませんでしたが、たいへんな反響《はんきょう》があったため、初編を増刷するとともに、初編の約二年後に二編を刊行しました。その後は、三編、四編と次々に発表し、明治九年十一月に出版した十七編以降は刊行がなかったことから、これが終編となりました。そして、明治十三（一八八〇）年に福澤自らが、初編から十七編までの小冊子を合わせて一冊の本としたのでした。そのような成り立ちからも分かるように、福澤は「読書の余暇《よか》、随時《ずいじ》に記す所」（「合本学問之《がっぽんがくもんの》勧序《すすめじょ》」）を発表したので、「前後の論脈、相通ぜざるに似たるものある」（同）と自身でも書いています。つまり、それぞれの編が連続したつながりのあるものではありませんでした。

しかし、十七の編は、決してばらばらなものではなく、全編を通して、福澤の一つのメッセージを感じ取ることができます。それは、日本という国家の独立を担うのは、一般国民一人ひとりであり、その国民に向けて「独立の気力」を奮い立たせようというものです。

『学問のすゝめ』発刊以前に三度の海外渡航を経験した福澤は、欧米の学校の充実や工業の発展、陸海軍の威力《いりょく》に圧倒されながらも、その奥底にある大切なものを見つけていました。福澤は『学問のすゝめ』で、それを目には見えない「文明の精神」とでもいうべきものと言い、「人民独立の気力」こそが「文明の精神」であると言っています。そして、個々人の独立を成り立たせるものこそが、学問なのだと説きました。福澤は、「天は人の上に人を造らず・・・」の後を受けて、「されども今広くこの人間世界を見渡すに、かしこき人あり、おろかなる人あり、貧しきもあり、富めるもあり、貴人もあり、下人もありて、そのありさま雲と泥との相違あるに似たるは何ぞや」と問いかけています。そして、その答えとして、「賢人《けんじん》と愚人《ぐじん》との別は、学ぶと学ばざるとによりて出来るものなり」と言い、生まれながらには平等な人間が、学問をする、しないによって差を生じること、そして学問が一身の独立を支えることを訴《うった》えたのです。

中津市学校の校門として利用された生田《しょうだ》門

『学問のすゝめ』は、明治十二年の時点での福澤の試算で、およそ七十万冊が発刊され、また初編だけでも、当時横行していた偽版を含めると二十二万冊も売れたといいます。当時の日本の人口が三千五百万人で、本を読める人が今日ほど多くないことを考えると、たいへんな売れ行きだったことが想像できます。『学問のすゝめ』がよく売れた理由は、いくつかあります。まず、初編の出版からほどなく、学制が発布されたことが挙げられます。学校制度を定めた学制に従って、藩校や寺子屋などそれまでの古い学校に代わり、新たに全国に小学校が設けられました。ところが、肝心の小学校で使う教科書がまだなかったために、『学問のすゝめ』初編は、福澤のほかの子ども向け著作とともに、多くの小学校で利用されたのでした。また、福澤が誰にでも読みやすいようにと平易な文章を心掛けたことも、多くの読者を得られた要因でしょう。そして、何よりも『学問のすゝめ』が、新しい時代の幕開けに不安すら感じる多くの人たちにとって、これから進むべき道を指し示す、一筋の光であったからに違いありません。こうして、『学問のすゝめ』を読んだ青少年たちが夢と希望を持って学問を志し、その中から、その後の日本を支える人材が多く生まれていったのです。

雨水《うすい》

気温が上がり始め、これまで雪が降っていたものが雨へと変わり、氷が溶けて水へと変わる季節です。寒く乾《かわ》いた冬の空気は、湿《しめ》り気のある春の空気になってきます。草木の芽がいよいよ膨《ふく》らみ始め、人々が農耕の準備を始めるのも、この

頃です。山里では、遠くの
眺《なが》めがぼんやりとしてきま
す。これを春霞《はるがすみ》といいます。

二　咸臨丸《かんりんまる》

福澤諭吉が江戸に出てきた翌年、幕府はアメリカとの条約（日米修好通商条約といいます）を正式に結ぶために使節団をアメリカの首都ワシントンに送ることに決めました。使節一行は、アメリカ海軍の軍艦《ぐんかん》ポーハタン号に乗船します。その護衛という名目で、日本人が日本の船を操り、太平洋を渡ってみようという計画が検討されました。その護衛船として選ばれたのが咸臨丸です。咸臨丸は、日本製の船ではありません。当時、日本には蒸気船を造る技術がなかったので、幕府は、咸臨丸をオランダから購入し、長崎の海軍伝習所という海軍学校の練習艦として使っていました。咸臨丸は、蒸気船とは言いながら、蒸気を使うのは港の出入りのわずかな時間で、あとは三本あるマストに帆《ほ》を張って、風に乗って進みます。大きさも全長五十メートルほどと同行するポーハタン号とは比べ物にならないほど小さく、太平洋を横断する船としては心もとないものでした。

咸臨丸の司令官というべき軍艦奉行《ぶぎょう》には、木村摂津守喜毅《きむらせっつのかみよしたけ》が、副司令官役の艦長には勝麟太郎《かつりんたろう》（海舟《かいしゅう》）が任命されました。この話を聞いた福澤は、ぜひともアメリカに行ってみたいと思うようになりました。福澤は、木村摂津守に会ったことはありませんでしたが、木村家の親戚《しんせき》で、蘭学医《らんがくい》として知られていた桂川甫周《かつらがわほしゅう》という人と親しくしていましたので、桂川に紹介状を書いてもらって、木村の家に向かいました。福澤が、アメリカに連れて行ってもらえないだろうかと熱心に頼んだところ、木村は、あっさりと従者として連れて行くことを承諾しました。今でこそ、海外旅行となれば、わくわくした気持ちになる人が多いでしょう

咸臨丸難航図
（横浜開港資料館）

が、当時は、命懸《いのちが》けの船旅です。木村の家来たちは、できることなら行きたくないと考えたのでしょう。木村は、アメリカ行きのお供をする家来集めに苦心していたところ、自ら行きたいと言ってくる珍しい男が出てきたので、初対面にも関わらず、福澤を連れて行くことにしたようです。

福澤諭吉（右端）と咸臨丸乗組員
（慶應義塾福澤研究センター）

木村、勝、そして福澤等を乗せた咸臨丸は、万延《まんえん》元（一八六〇）年一月十九日に浦賀港を出航し、太平洋の海原へと乗り出しました。ところが運悪く、航海中は嵐の連続で、船が大きく傾《かたむ》き、波が甲板に打ち上がってきます。乗組員たちは船酔いし、乗船前から体調を崩《くず》していた勝は気分が悪くなり、自分の部屋から出られぬ有り様でした。一方の福澤は、というと、「牢屋《ろうや》に入って毎日毎夜大地震にあっていると思えばいいじゃないか」と笑っているくらいで、いつもと変わらぬ様子でした。もう一人、波に揺《ゆ》られても平気な日本人がいました。中浜万次郎（通称ジョン・マン）です。ジョンは、土佐の漁師として育ちましたが、乗っていた船が沈み、無人島に取り残されたところをアメリカの船に助けられ、長くアメリカで教育を受けたのち、日本に帰ってきたのでした。幕府は、ジョンの英語力を見込み、通訳として乗船させました。

咸臨丸には、ほかにアメリカ人の水夫もいました。測量船の船長だったジョン・マーサー・ブルックたちです。彼らは、自分たちの船が横浜で停泊中に嵐にあって大破したため、しばらく日本にいましたが、咸臨丸に乗船して帰国することになったのです。『福翁自伝《ふくおうじでん》』では、「決してアメリカ人に助けてもらうということはちょいとでもなかった。ソレだけは大いに誇《ほこ》ってもよいことだと思う」と、日本人乗組員たちが自力で航海を続けたことが語られています。しかし、実際にはひどい荒れ模様の天気に、遠洋航海の経験のない日本人水夫たちは手も足も出ませんでした。ブルックの日記には、そのような姿を見かねて、アメリカ人の部下を動員し、咸臨丸の操縦に当たらせた様子が書かれています。ただしブルックは、アメリカに上陸した後は、新聞記者に対して日本人の技量を誉め称え、決して日記に記したことは口にしませんでした。

咸臨丸は、日本を離れてから三十七日目、二月二十六日に見物客でごった返すアメリカ西海岸の港、サンフランシスコに到着しました。その日、サンフランシスコの町は、はるばる太平洋を越えてやってきた日本人一行を歓迎する雰囲気《ふんいき》に包まれていました。一方、嵐に耐《た》えた咸臨丸の損傷は激しく、その修理には、長い期間が必要でした。それは、福澤にとっては幸いでした。福澤は、サンフランシスコでの滞在を通して、初めて見る西洋文明の有り様に驚《おどろ》くとともに、人は生まれながらにして平等であるということを確信する機会を得たのです。

咸臨丸に遅れて、ポーハタン号に乗った正使はじめ使節団が無事にサンフランシスコに到着したため、咸臨丸の一行はその役目を果たし、先に日本へと引き返すことになりました。二ヵ月ほどが経過し、ようやく修理を終えた咸臨丸は、福澤たち乗組員を乗せて、サンフランシスコを出航しました。『福翁自伝』には、次のような話も残されています。途中寄港したハワイを出発したその日に、福澤は、咸臨丸の船中でアメリカ人の少女と撮った写真を取り出し、「お前たちはサンフランシスコに長く逗留《とうりゅう》していたが、婦人と親しく相並んで写真をとるなぞということはできなかったろう、サアどうだ」と人びとに見せびらかしました。相手の女性は、写真屋の娘でした。福澤は、サンフランシスコにいる間に言い出すと真似をする者が出るので、ハワイを離れ、あとは日本に帰るだけとなってから写真を見せて、周りの人たちを口惜《くや》しがらせたのでした。帰路は、往路とは打って変わって穏やかな船旅となり、咸臨丸は、五月七日、品川に無事帰港しました。

帰国後の咸臨丸には、悲運の結末が待っていました。明治新政府が旧幕府軍に軍艦の引き渡しを要求した時、これを拒否《きょひ》した榎本武揚《えのもとたけあき》率いる軍艦八隻は、品川沖を脱出し、蝦夷《えぞ》（現在の北海道）へと向かいました。すでに蒸気機関が取り外され、完全な帆船《はんせん》となっていた咸臨丸もこれに従いましたが、途中、台風にあって漂流《ひょうりゅう》し、何とか清水港（現在の静岡県静岡市）へとたどり着きました。ここで、新政府軍の軍艦に取り囲まれ、多くの乗組員が殺害されました。そして、明治新政府の船となった咸臨丸は、明治四（一八七一）年、北海道の開拓《かいたく》に向かう人々を乗せた航海の途中、津軽海峡《つがるかいきょう》に面した現在の北海道木古内《きこない》町沖で、岩場に乗り上げ、沈没してしまいました。時代の先駆《さきが》けとして活躍《かつやく》した咸臨丸でしたが、新しい時代を見届ける間もなく、その役割を終えたのでした。

福澤諭吉と写真館の少女（サンフランシスコ）
（慶應義塾福澤研究センター）

啓蟄《けいちつ》

暖かい陽気に誘われて、土の中にいた虫や蛙《かえる》、蛇《へび》たちが動き始め、姿を現します。さなぎも羽化して蝶《ちょう》が舞い始めます。「桃始めて笑う」といいます。笑うというのは、花が咲くことを指します。旧暦の三月三日は、桃の節句です。新暦の

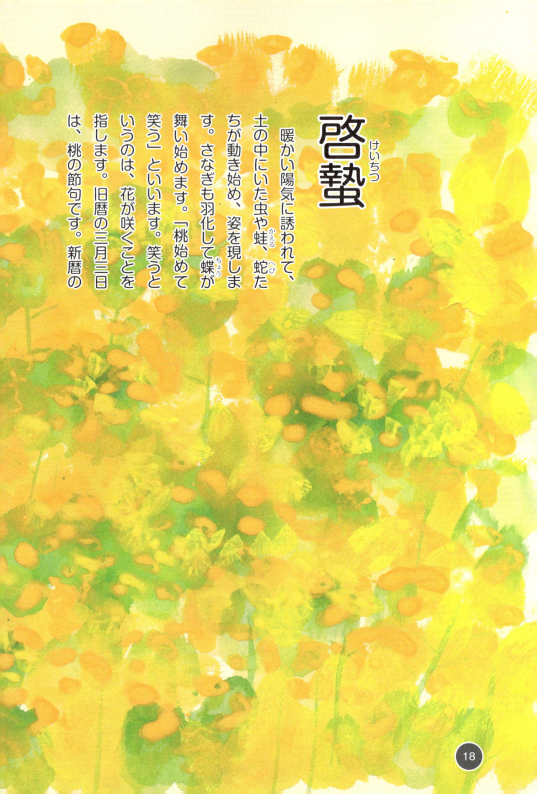

三月下旬から四月上旬に当たり、桃の花が咲くころです。桃の節句は、いつしか女子の健康を祈るひな祭りとなりました。

三　耶馬渓《やばけい》

福澤諭吉は、明治二十七（一八九四）年二月末から三月中旬にかけて、久しぶりに故郷中津に帰りました。実に二十二年ぶりの里帰りです。この旅には、三十歳の長男一太郎、二十八歳の二男捨次郎も同行し、当時、山口にいた福澤の門下生、日《ひ》原昌造《のはらしょうぞう》も途中から加わりました。福澤が中津に帰省した一番の目的は、先祖の墓にお参りすることでしたが、六、七歳のころに母順に連れられて耶馬渓の羅漢寺《らかんじ》に行ったことがあるのを思い出し、今一度、耶馬渓を見に行きたいとも思っていました。

耶馬渓というのは、福澤の育った中津の城下町を流れる山国川《やまくに》をずっと上流にさかのぼったところにある渓谷《けいこく》です。耶馬渓の歴史の始まりは、福澤の時代から百年をさかのぼります。禅海和尚《ぜんかいおしょう》という人がこの場所を通り、断崖絶壁《だんがいぜっぺき》のために通行人が命を落とすこともあると知って、トンネルを掘り安全な道を作ろうと決心しました。禅海は、自らノミを持ち、さらに托鉢《たくはつ》で集めたお金で石工をやとって、岩壁を掘り続け、およそ三十年もの歳月をかけてトンネルを完成させました。当初、樋田《ひだ》の刳抜《くりぬき》と呼ばれたトンネルは、やがて青の洞門《どうもん》と言われるようになりました。樋田や青は、この地区の地名で、洞門はトンネルのことです。

そして、禅海の偉業から半世紀ほど後、高名な学者頼《らい》山陽《さんよう》が、この場所を訪れました。頼は、大きな奇岩が山をなす絶景を見て、当時、山国谷と呼ばれていた地名を中国風に「耶馬溪山天下無」と漢詩に詠《よ》みました。それ以来、この渓谷は、耶馬渓と呼ばれるようになったと

禅海和尚銅像

羅漢寺入口

伝わっています。こうして耶馬渓第一の景観と言われる競秀峰《きょうしゅうほう》と、それを貫く青の洞門は、福澤の時代には、すでに観光名所となっていたのです。

横浜からの船で中津に着いた福澤一行は、無事に墓参を済ませて、三月のある日、念願の耶馬渓を見物することができました。旅を終えた後、福澤が同行した日原に書いたお礼の手紙には、「耶馬渓のご同行、下関の散歩、誠に面白きことにて、老余の快楽この上あるべからず」とあり、福澤にとって楽しく思い出深い旅だったことが想像できます。

ところが福澤は、この旅行中に気がかりなことを耳にしていました。競秀峰の土地が売りに出されているというのです。福澤は、もし心無い人がその土地を買って、木々を伐採《ばっさい》するようなことがあれば、あの美しい絶景が失われてしまうと心配しました。そこで、自分がこの土地を買って、景観を保全しようと考えたのです。東京に戻ってすぐに、福澤は耶馬渓一帯の有力者である曾木円治《そぎえんじ》という人に手紙を送り、土地買い入れの協力を頼みました。その手紙からは、自分にとって何の得にもならないが、その景観が半端《はんぱ》なものにならないように広い土地を手に入れて欲しいこと、そしてその金額がある程度のものになるのを覚悟していることが、読み取れます。土地は、曾木の協力で、三年の間に、七回にわたって少しずつ買い集められました。そして、土地の持ち主の名前は、目立ってさわぎにならないようにと、福澤ではなく、小田部武《おたべたけし》にしました。小田部は、福澤の姉礼《れい》の夫で、福澤にとっては、義理の兄に当たります。旧中津藩士の小田部は、明治維新後も中津に残り、山林事業に関係する仕事をしていました。小田部が仕事上の理由から耶馬渓の土地を買っても不思議ではなく、世間にあやしまれることはありませんでした。福澤から曾木あての別の手紙では、「唯々人《ただただひと》の耳に触れざる中に、成就するよう祈るのみに御座候《ござそうろう》」と書いてあり、福澤が人に知られないように細心の注意を払っていたことが分かります。こうして、決して広くはありませんが、持ち主が細々《こまごま》としていた一ヘクタールほどの土地が手に入りました。

かけがえのない自然や歴史的建造物を市民たちが買い取るなどして保全する活動をナショナル・トラスト運動といいます。その起源は、十九世紀のイギリスにあります。産業革命とともに急速に失われる自然を自分たちの手で守ろうと、市民が立

競秀峰

ち上がり、英国ナショナル・トラストが一八九五年に設立されました。ピーターラビットの生みの親ビアトリクス・ポターもその一人として加わり、彼女は絵本の舞台ともなった湖水地方の景観を守るために土地を買い取って英国ナショナル・トラストに寄付しています。

日本では、昭和三十九（一九六四）年に神奈川県の古都鎌倉《かまくら》を乱開発から守るために作家の大佛次郎《おさらぎじろう》が鎌倉市民とともに立ち上がったのが、その始まりだと言われています。それより七十年も前、英国にナショナル・トラスト運動が誕生するのとほぼ同時期に、福澤は、その運動の先駆《さきが》けともいえる活動をしていたのです。

その後、耶馬渓の土地の所有者は、小田部武の子菊市を経て、福澤捨次郎になり、さらにその子時太郎に渡りました。その間に、耶馬渓は国の名勝に指定されました（大正十二〔一九二三〕年）。そして、福澤家のこの土地は、東京からはあまりに遠く、管理が行き届かないことから、耶馬渓の景観を守ることを条件に、地元の住人に売られました。耶馬渓は、昭和二十五（一九五〇）年に、耶馬日田英彦山《やばひたひこさん》国定公園の一部に指定され、その絶景は今も楽しむことができますが、そこには福澤の陰ながらの活動があったのです。

春分《しゅんぶん》

春分は、太陽が真東から昇り、真西に沈む日に当たり、昼の長さと夜の長さが同じ日です。春分の日と前後三日を合わせた七日間が、ご先祖様の霊を供養する、春のお彼岸《ひがん》です。まだ寒い日もありますが、「暑さ寒さも彼岸まで」と言われるように、暖かい季節となり、農事始めの時期でもあります。桜の花見は、田の神が鎮座《ちんざ》するとされる桜の木の下で、その年の豊作を願う祭りが起源だとも言われています。

四　女子教育

福澤諭吉は、『学問のすゝめ』などの著作を通じて、人には生まれながらに上下の差はなく、平等であると説きました。そして、学問を修めることで、一人ひとりが国や権力に頼らない独立した人間になることを望みました。そのような独立した人の集まりが家族です。福澤は、当然ながら、夫婦の間も平等であると考え、それを自分の家庭でも実践《じっせん》していました。そして、まだ当時は男性に従って生きることが良しとされていた日本女性の地位向上をめざして、活動しました。

福澤は、早くから様々な場で女性の地位向上について書いてきましたが、それを一つの読み物としてまとめたのが「日本婦人論」です。「日本婦人論」とそれに続く「日本婦人論　後編」は、福澤が創刊した新聞『時事新報』の社説に明治十八（一八八五）年に連載《れんさい》されました。福澤はこの中で、日本の女性には、責任や財産がなく、そのため地位も低いことが問題であると指摘しました。そして、まず家庭や社会でのこのような女性の立場を変えなければ、学校でどのような女子教育が行われても無意味である、ということを盆栽《ぼんさい》の松に栄養を与えて雲をしのぐほどの成長を期待するようなものと、例えを引いて書いています。

江戸時代に女性向けの教育書として広く読まれていた本に『女大学《おんなだいがく》』というものがありました。ここでは、女性は男性に比べて愚《おろ》かであるから、結婚したら妻は夫を主君として仕え、夫に従うこと、というような内容が書かれていました。そして、女子の父母は、将来の夫とその父母の言うことを聞くような、従順な子を育てるために、男女をはっきり分けて教育しなければならないとしていました。福澤は、このような本が明治になっても読まれていることを問題に思い、これを批判する「女大学評論」と、『女大学』に代わる自らの考えを表した「新女大学」をわずか一ヵ月ほどの間に一気に書き上げました。短い時間に書いたのは、思いつきではなく、福澤が以前から女性の地位向上について思い巡《めぐ》らしていたからに他なりません。「女大学評論」と「新女大学」が、『時事新報』におよそ四ヵ月間、連載されたのは、明治三十二（一八九九）年四月からのこと、そして一冊の本になったのは、その年の十一月のことでした。その内容は、たちまち反響《はんきょう》を呼び、誤った女性論であるとの批判も挙がる一方で、女性を開放するものだという評価の声もありました。福澤は、「新女大学」の中で、「学問の教育に至りては女子も男子も相違あることなし」とした上で、女性の学ぶべき学問について、物理学、生理学、衛生学の初歩や地理、歴史のあらましを知ることが大切で、さらに薬物学や栄養学を学ぶことも女性には良いだろうとしています。そして、特に日本の女性にぜひともその知識を得てほしいと思うのは、経済と法律の二つであると述べています。福澤が、女性の学問として似つかわしくないと思われていたであろう経済と法律を挙げたのには、理由がありました。それは、経済や法律の知識のないことが、女性の社会進出のさまたげになっており、この二つが「文明女子の懐剣《かいけん》と云《い》うも可なり」と考えたからでした。

福澤は、家庭や慶應義塾で、自らの考える女子教育の実践を試みました。その始めは、明治五（一八七二）年に設立された慶應義塾衣服仕立局です。衣服仕立局は、衣服の縫製《ほうせい》や洗たくを事業として女性の自立を助け、その仕事の合間に読書、そろばんの習い事をするというものでした。やがて、福澤の娘たちが大きくなってくると、家庭教師のような役割で、福澤家に同居していた九鬼《くき》あい（摂津《せっつ》〔現在の兵庫県〕三田藩《さんだはん》の旧藩主九鬼隆義《たかよし》の妹）や英国国教会の女性宣教師として来日していたアリス・エリナ・ホアが娘たちの教育を担当しました。また、初等教育を行っていた幼稚舎では、その勤惰表《きんだ》（成績表）から、福澤をはじめ教職員や近所の家の女児たちが通学していたことが分かります。ただし、当時は共学ではなく、男子生徒とは別の教室での勉強だったようです。さらに、福澤が女学校の設立を考えていたことが、福澤の書いた手紙から分かりますが、実現には至りませんでした。

ホア（中央）と福澤の姪（右）ら
（慶應義塾福澤研究センター）

このように、福澤の試みは、必ずしも成功したわけではありませんでした。福澤は、日本では古くから女性の学問教育を考えず、それが当たり前になっていたのだから、女性を学ばせようとしても、すぐにできるものではない、とも考えていました。

実際に、日本の学校教育で「女子も男子も相違あることなし」という時代が到来するのは、随分と先のことになりました。福澤が亡くなった後、『女大学評論　新女大学』には、女子教育を進める人たちから批判の声が向けられました。日本は軍国主義の道を歩み、女性は良妻賢母を理想として、夫に従って家庭を支える妻、国家のために働く子を育てる母の役割を求められるようになったのです。太平洋戦争の終結前は、小学校三年生より先は男女別学とし、男子と女子では教える内容も、教科書も別なものにすることが、公立でも私立でも義務付けられていました。とはいえ戦前の日本で男女共学が全くなかったわけではなく、ごく一部では女子の入学を認めていた学校もありました。しかし、慶應義塾では女子の入学を禁止していなかったものの、医学科の設立にあわせて大正年間に開校した看護婦養成所と産婆《さんば》養成所の二つの職業専門学校（今日の看護医療学部に発展する学校です）以外には、女子の入学は進みませんでした。

戦後になり、昭和二十二（一九四七）年に制定された教育基本法によって、日本もようやく男女共学の教育が原則となりました。慶應義塾も昭和二十一年四月一日に女子の正式な入学を認め、その年度の終わりには聴講生から編入した学生が最初の女子卒業生となりました。一貫教育校では、昭和二十二年四月一日に中等部が開設、共学による教育を開始しました。しかし、当初は女性教員もおらず、女子教育の経験者も少なかったため、課題が山積みで、委員会をつくって共学での教育方法の研究を進めました。そして、一期生は男女別クラスにし、徐々に混合の授業を増やして、五期生の時に、完全な混合クラスとなりました。その活動の成果は、『男女共学とその導き方』という書物となって出版されました。幼稚舎では、昭和二十三年四月から女子の入学に踏み切り、昭和二十五年四月一日には中等部を卒業する女子学生を受け入れるため、女子高等学校が開設されました。こうして、慶應義塾にも全ての教育課程で、女子学生がそろったのでした。

開校当時の中等部
（慶應義塾福澤研究センター）

清明《せいめい》

すべてのものが清らかで、若々しく生き生きとするころのことです。大地には花が咲き誇《ほこ》り、大空では鳥が歌い舞います。暖かくなると、南からは、つばめが渡ってきて人家などに巣をつくり、子育てを始めます。つばめが巣をつくると、そ

の家には幸せが訪れるとも言われています。一方、雁《がん》は、子育てのため北のシベリアへ帰っていきます。

五　自我作古

清明は、人生の新しい一ページが始まる入学式や入社式の季節でもあります。大いなる期待と、少しの不安を抱えながら式典に臨む初々しい姿を見ると、周りの人も気分を新たに何かに取り組もう、挑戦しようという気持ちになるものです。

昭和十四（一九三九）年、新しい大学の最初の入学式がありました。その学校の名は、藤原工業大学といいます。創立者は、藤原銀次郎という人です。藤原は、慶應義塾で学び、社会に出てからは、紙を作る製紙会社を経営し、その会社（王子製紙）が日本の紙生産量の八割以上を占めるまでに拡大したことから、「製紙王」と呼ばれていました。いつしか藤原は、自らが蓄《たくわ》えた巨万の富の使い道を考えるようになりました。そして藤原は、当時の慶應義塾の塾長小泉信三に面会を求め、次のように話しました。

「自分が製紙業界でなすべきことは、すでになし終えた。この上は、それによって積み得た私財を工業教育のことに捧《ささ》げたい。」

そして藤原は、自らの財産を投じて設立する工業大学が完成した時には、その全てを母校である慶應義塾に寄付するつもりであることを小泉に伝えました。当時、慶應義塾大学には、文学部、経済学部、法学部、医学部がありましたが、理科系の学部はありませんでした。その必要性を強く感じていた小泉は、この提案を受け入れ、藤原から頼まれて、その大学の学長となりました。当初、藤原は、新しい学校では工場での実習に力を入れたいと考えていました。一方、小泉や学部長に就任した谷村《たにむら》豊《とよ》太郎《たろう》は、大学では基本的

矢上キャンパス（理工学部）にある
藤原銀次郎の２像

藤原工業大学開校式（昭和14年）
（慶應義塾福澤研究センター）

理論をしっかり教え込む必要があると思っていましたので、両者の構想には大きな食い違いがありました。藤原が、社会に出てすぐに役立つ人間をつくりたいと言うのに対し、谷村は、すぐ役立つ人間はすぐに役立たなくなる人間であると返答しました。根気強く何度も話し合いが行われた結果、藤原も小泉たちの考えに理解を示し、工業大学設立の計画は固まりました。こうして、慶應義塾の日吉キャンパス内に、藤原工業大学が誕生しました。

小泉は、その最初の入学式の日、新入生一九八人に向けた訓辞《くんじ》で「自我作古《じがさっこ》」という言葉を使いました。中国の古い本に登場する「自我作古」は、日本語では「我《われ》より古《いにしえ》を作《な》す」と読みます。小泉は、新入生たちに次のように語りました。

「今日特に私の新入学生諸君に申したいことは、藤原工業大学の歴史は諸君をもって始まるということ、即《すなわ》ちこれであります。我より古を作すという言葉がありますが、諸君は即ち我より古を作す者でありまして、諸君の歴史が即ち藤原工業大学の歴史になる、諸君の成績如何《いかん》が藤原工業大学の成績如何となるのであります。この大学をして声価高き信用あるものとならしめるか否かは、まったく諸君の力によって定まるものであります。」

話はさかのぼり、慶應四（一八六八）年、福澤諭吉は、中津藩《はん》の中屋敷《なかやしき》で始めた学塾を芝新銭座《しばしんせんざ》に移転した時に、この学塾の名前を慶應義塾としました。福澤も慶應義塾も中津藩から離れて独立した瞬間です。そして、その時に福澤が慶應義塾の独立を宣言するかのように発表した「慶應義塾之記」の一節に次のように「自我作古」の言葉が出てきます。「只管《ひたすら》自我作古の業にのみ心を委《ゆだ》ね、日夜研精し寝食を忘る、に至れり」。慶應義塾は西洋から伝わった学問（これを蘭学《らんがく》とか洋学といいました）を中心に勉強する学塾です。その洋学は、福澤より百年ほど前に、自分たちが新しい分野の開拓者《かいたくしゃ》になるのだという強い心をもって、寝ることも食べることも忘れてオランダ語を日本語にする努力をした前野良沢《りょうたく》、桂川《かつらがわ》甫周《ほしゅう》、杉田玄白《げんぱく》といった人たちによって始まりました。この三人は西洋の解剖書『ターヘル・アナトミア』を翻訳《ほんやく》し『解体新書』として刊行したことで知られています。福澤は、「自我作古」の言葉を用いて、慶應義塾はそのような先人たちの切り開いた道を受け継いでいくのだという使命を伝えようとしたのです。さらにさかのぼると、「自我作古」は、杉田が著し、後に福澤自身もその出版に協力した『蘭学事始《ことはじめ》』や大槻玄沢《おおつきげんたく》（前野と杉田の門下生）の著書『蘭学階梯《かいてい》』の中でも、使われている言葉です。おそらく福澤は、それらの文を読み、参考にしたのではないかと考えられています。「自我作古」は、その後しばらくの間、慶應義塾の中で使われることはありませんでした。そして、それから七十年ほどが過ぎて、藤原工業大学一期生の入学式にふさわしい言葉として、小泉がこの言葉をよみがえらせたのでした。以来、一般には聞き慣れないこの言葉は、慶應義塾の中では新たな一歩を踏み出すにあたって、度々用いられる言葉となりました。

　藤原工業大学の最後の入学生として昭和十九（一九四四）年四月に入学した卒業生は、「入校して日吉に行って驚いたのは質素な木造仮校舎と、まだ慶應に寄付されていないのに慶應の制服制帽を着ながら素足に草履《ぞうり》、腰に手ぬぐいをつるし、襟《えり》に藤の徽章《きしょう》をつけて闊歩《かっぽ》している先輩たちの姿だった」と当時を振り返っています。このころには、太平洋戦争の局面がますます悪化し、政府は戦時非常措置《そち》として大学の統合を打ち出していました。小泉と藤原は、工業大学を義塾に寄付するのは、ここが好機と判断し、藤原工業大学は、昭和十九年八月に慶應義塾の工学部となり、九月には修業年限を短縮して第一回卒業生が生まれました。「質素な木造仮校舎」は、戦争中で資材が手に入らないために、校舎のほとんどを三田の木造校舎の移築によったためでした。そして、そのために空襲によって工学部の校舎は、ほとんどが焼けて失われてしまいました。さらに戦後は、日吉キャンパスが米軍に接収されたために別の土地を探し、仮校舎で授業をしなければなりませんでした。

こうして戦後二十年余りの間、工学部は、入学後の最初の一年間を接収解除になった日吉で、専門課程の三年間を小金井キャンパスで勉強する体制が続きました。

しかし、不便なことも多かったため、日吉復帰が望まれるようになり、藤原工業大学の本科設置が予定されていた日吉矢上台に校舎が建設されることになりました。工学部は、昭和四十七（一九七二）年に矢上キャンパスへの移転が完了し、昭和五十六年には理工学部となって、今日まで社会に出て活躍する多くの卒業生を輩出しています。

藤原工業大学開校の地碑

穀雨《こくう》

温かさに誘われて穀物《こくもつ》が芽吹《めぶ》くころ、その成長を助けるように恵みの雨が降ります。春の長雨とも、菜の花が咲く季節の雨なので菜種梅雨《なたねづゆ》とも言います。八十八夜は立春から数えた日数で、五月初めにやってきます。「茶摘《ちゃつみ》」の歌に

「夏も近づく八十八夜」と
歌われているように、一番
茶の茶摘みの目安の日とさ
れています。

六　開校記念日

生まれた日は、自分にとっても、家族にとっても、何より大切な記念日です。個人だけではなく、会社や店では創立記念日、学校では開校記念日、国で言えば建国記念日や独立記念日というような言い方で、それぞれの生まれた日が記念の日となっています。ところが、この生まれた日が昔の出来事だと、何月何日のことだったのか分からなくなってしまったり、どの日が最初の日なのかはっきりしなかったりすることがあります。慶應義塾の開校記念日は、四月二十三日となっています。

東京・築地の慶應義塾発祥の地記念碑

ところが、慶應義塾もはっきりした誕生日を特定することができません。では、どのようにして、この日が開校記念日だということになったのでしょう。

福澤諭吉が江戸の築地鉄砲洲《つきじてっぽうず》にあった中津藩《はん》の中屋敷《なかやしき》で蘭学塾《らんがくじゅく》を始めたのは安政五（一八五八）年のことです。蘭学とは、オランダから日本に入ってきたヨーロッパの学問を指します。幕府が開国して以来、江戸の中津藩邸では蘭学塾を開いていましたが、蘭学を教える人がいなくなり、その後任を探していました。その時、大坂の有名な蘭学塾であった適塾に中津藩士が学んでいることが分かり、その男を江戸に呼べということになったのです。こうして福澤は、適塾での勉強を中断して、大坂を去ることになりました。

江戸に出てきた福澤は、中屋敷の長屋の一軒を借りて塾を開きました。その初期の門下生であった足立寛《あだちかん》（後に陸軍軍医総監《そうかん》）の話によれば、塾の一階は六畳《じょう》一室で福澤が座り、二階は十五畳ほどで適塾出身者などが七、八人出入りしていました。福澤は、字を忘れることがあると二階へ駆け上がり、塾生に向かって、あの字はどう書いたなどと尋《たず》ね、一階に戻って再び翻訳《ほんやく》に取り掛かるというような様子だったようです。当初、福澤は塾での教授を三、四年ほどの仕事と考えていたようで、はっきりした学校の名前もなく、ただ蘭学塾や福澤の教える塾ということで福澤塾などと呼ばれていました。

この塾は何度か引っ越しを繰り返した後、慶應四（一八六八）年、福澤が自分のお金で芝新銭座《しばしんせんざ》（現在の浜松町）の土地を買って、そこに移転し、名前も当時の年号をとって慶應義塾となりました。この時、慶應義塾が近代的な学校として新たに発足したことを宣言する「慶應義塾之記」が発表されました。こうして、中津藩の蘭学塾からはじまった学塾は、藩から離れて、一つの独立した学校となったのです。そして義塾という名称には、福澤個人の経営する私塾ではなく、志を同じくする人たちが力を合わせて社会公共のために経営する学塾であるという意味が含まれていました。

東京・芝の慶應義塾跡地にある碑

明治三（一八七〇）年、福澤は発疹《はっしん》チフスという重い病気にかかり、その病気が沿った後、また住まいを変えることになりました。当時、芝新銭座の周辺は湿《しめ》った土地で、福澤の弱った体には良くないという理由からです。福澤が引っ越すならば、学校も一緒に移ろうということになり、皆が手分けをして、学校にふさわしい土地を探すことになりました。そして、ここが良い場所だと見つけたのが、島原藩が中屋敷としていた所で、いま慶應義塾大学がある三田の山でした。三田は、今でこそ周りをビルに囲まれていますが、当時は、高い建物などなく、東京湾の埋《う》め立てもそれほど進んではいませんでしたから、見渡せば東京の街並みや海が臨める気持ちの良い高台でした。さて、いざ引っ越しとなると、大勢の人や大量の荷物があるため、たちどころにできるものではありませんでした。建築工事が進む中、明治四年の一月から徐々に引っ越しが始まり、三月までかかって学校の移転がなされました。福澤は、新たな住まい、学校の場となった三田の環境に大いに満足したようです。「引っ越してみれば、誠に広々とした屋敷で申し分なし。御殿《ごてん》を教場にし、長局《ながつぼね》を書生部屋にして、なお足らぬところは諸方諸屋敷の古長屋を安く買い取って、寄宿舎を作りなどして、にわかに大きな学塾になると同時に、入学生の数も次第に多く、この移転の一挙をもって、慶應義塾の面目も新たにし」（『福翁自伝《ふくおうじでん》』）たので

旧島原藩邸を転用した校舎
（慶應義塾福澤研究センター）

す。このように、三田への移転は、単なる引っ越しではなく、慶應義塾が小さな私塾から脱皮するための重要なきっかけとなったのでした。

　慶應義塾に開校記念日が定められたのは、福澤が亡くなった後のことで、開塾からは五十年、改名からも四十年ほどが過ぎた明治四十二（一九〇九）年のことでした。当時の「慶應義塾学報」での発表の内容は、「慶應義塾が三田に移転したのは、明治四年四月二十三日（旧暦《きゅうれき》で三月二十三日）なので、毎年この日を開校記念日として、学校を休みにし、色々と催《もよお》しをすることにする」というようなものでした。最初の開校記念日には、演説館での塾長鎌田栄吉《かまたえいきち》をはじめとする人々の講話や、福澤の遺品、著書の版木、古書籍などの展示、さらに学生による実習や実験の披露《ひろう》があり、三田の山は多くの参観者で賑《にぎ》わったようです。

　さて、開校した日にちの話にもどりましょう。福澤が築地の鉄砲洲に学塾を開いた日は、いくつかの記録から十月であることが分かっていますが、はっきりした日にちは明らかではありません。そして学報の内容のとおり、開校記念日は、この日でも、慶應義塾と名乗った日でもなく、三田に引っ越した日をもとにしているのです。その上、三田への移転は三ヵ月近くかけて行われたので、発表の三月二十三日という日が何を指すのかは、今となっては分からなくなっています。さらに慶應義塾が三田に移転した時代は、今とは違う方法で年月日を数えていました（これを旧暦といいます）から、当時の三月二十三日が今の方法（新暦といいます）では何月何日に当たるのかを計算しなければなりません。計算すると明治四年の旧暦三月二十三日は新暦の四月二十三日ではなく、五月十二日に当たるのです。

このように開校記念日として四月二十三日がふさわしいのかどうかは、疑問の残るところです。しかし、福澤が蘭学塾を開き、それが発展して現在の慶應義塾があるという事実には何ら変わりがありません。人間同様、一年に一回、学校の誕生を祝う日があることこそが大切と言えるでしょう。それが開校記念日なのです。

立夏《りっか》

夏立つ、つまり夏の始まりです。本格的に暑い季節はまだ先ですが、日差しは強くなり、梅雨の時期までは晴天の日が続いて天候が安定します。人間にとってもお出かけに気持ちの良い季節ですが、それは動植物にとっても同じです。この季節、蛙《かえる》は鳴き始め、みみずが地中から出てきます。似たようなものが次々現れることを「雨後の筍《たけのこ》」といいますが、この諺《ことわざ》の通り、この季節、雨の降った後には次々と筍が生えてきます。

七　ウェーランド経済書講述記念日

江戸時代もいよいよ終わりに差し掛かった慶應四（一八六八）年、京都に程近い鳥羽《とば》、伏見《ふしみ》で幕府軍を破った薩摩藩《さつまはん》、長州藩を中心とする新政府軍は、勢いに乗って幕府の本拠地《ほんきょち》である江戸に向かって進軍してきました。新政府軍は、天皇の直属の軍隊である「官軍」を名乗り、錦《にしき》の御旗《みはた》を掲《かか》げます。錦の御旗は、天皇から官軍の大将に与えられる赤い生地の旗です。官軍側は、この錦の御旗を見て、大いに士気を高めます。一方、天皇に逆らう賊軍《ぞくぐん》とされてしまった幕府側は、すっかり戦意を失います。江戸城総攻撃《そうこうげき》が間近に迫《せま》った時、幕府側の勝海舟《かつかいしゅう》と新政府側の西郷隆《さいごうたか》盛《もり》が話し合い、徳川将軍家が江戸城を明け渡すことで合意しました。

新政府軍が江戸城に入城し、江戸の町が混乱する最中に福澤諭吉は、芝新銭座に購入したばかりの土地に建物を建築中でした。芝新銭座は、現在の浜松町駅周辺で、勝と西郷が会談した田町の薩摩藩邸から遠くないところにありました。福澤の友人は、「いまごろ普請《ふしん》（建築すること）をするものがあるか、どこでも家をこわして立ち退くという時節に、君ひとり普請をしてどうするつもりだ」（『福翁自伝《ふくおうじでん》』）と、わざわざ止めに来たといいます。一方の福澤は、「江戸市中大騒動《そうどう》の最中、かえって都合がいい。八百八町《はっぴゃくやちょう》ただの一軒でも普請をする家はない。（中略）この最中に私が普請を始めたところが、大工や左官の喜びというものは一方《ひとかた》ならぬ。安いにも安いにも、何でも飯が食われさえすればいい、米の代さえあれば働くというわけで、安い手間料で人手はいくらでもあるから、普請はさっさとできる」（『福翁自伝』）と、いつ戦火に巻き込まれるか

寛永寺旧本坊表門（上野戦争の砲弾の跡が残る）

分からないという周囲の心配をよそに、平然と建築を進めたのでした。こうして、四月ごろには、中津藩中屋敷の古材を譲《ゆず》り受けて塾生を百人ほども入れることができる大きな建物が完成しました。

そして、いよいよ中津藩から独立した学塾となったからには、何か適当な名前をつけようということになり、時の年号（明治となるのは、この年の九月です）から慶應義塾と名乗りました。義塾とは、学問を志す人々が協力して社会公共のために経営する学塾というような意味です。こうして門出を迎えた慶應義塾ですが、必ずしも順風満帆《じゅんぷうまんぱん》の出発ではなく、世の混乱の中で塾生は減少していて、一時は十八人までになっていました。

四月十一日、江戸城の明け渡しが完了しました。新政府軍、幕府軍の双方《そうほう》とも戦いで血を流すことなく開城したことから、これを江戸城の無血開城といいます。三百年近くも栄えた江戸の町が戦場となり、火の海になることは間一髪《かんいっぱつ》で避《さ》けられたのです。しかし、幕府軍の中には、無血開城を不満に思い、あくまでも新政府軍と戦い続けるという勢力が残っていました。その一つに彰義隊《しょうぎたい》と呼ばれる集団がありました。彼らは、十五代将軍徳川慶喜《とくがわよしのぶ》が謹慎《きんしん》していた上野の寛永寺《かんえいじ》（現在の上野公園一帯）に集結し、徳川慶喜が水戸に退去した後も居残って、新政府軍に抵抗《ていこう》していました。

その彰義隊に新政府軍が総攻撃をかけるということで、江戸の町は大騒《おおさわ》ぎになりました。戦いを恐《おそ》れて、芝居《しばい》や寄席《よせ》、料理茶屋はみんな休みとなり、町中は夜になっても明かりが点かずに真っ暗闇《くらやみ》になりました。そして五月十五日、上野戦争（東台戦争）と呼ばれる戦いが始まりました。新政府軍は、アームストロング砲という強力な大砲を使い、上野の山に向けて砲撃《ほうげき》します。その音は、江戸中に響《ひび》き渡りました。

東台戦争図
（慶應義塾福澤研究センター）

この年の五月十五日は土曜日でした。慶應義塾では、毎週土曜日の朝十時から、福澤がアメリカの教育者フランシス・ウェーランドが書いた経済書を使って授業をしていました。そして福澤は、上野戦争の日も授業を休むことはありませんでした。福澤は、「上野ではどんどん鉄砲を撃っている。けれども上野と新銭座とは二里も離《はな》れていて鉄砲玉の飛んでくる気づかいはない」（『福翁自伝』）と言い、いつも通り授業をしたのでした。二里というのは、日本の長さの単位で、八キロメートルほどになります。落ち着いて考えてみれば、そこまで当時の大砲や鉄砲の弾《たま》が飛んでくるはずはないと分かりそうなものです。しかし、多くの人は戦争の噂《うわさ》を耳にすると、慌《あわ》ててしまい、そのようなことを考える余裕《よゆう》すらなくなってしまったのでしょう。一方、慶應義塾では、「だいぶそうぞうしい様子だが煙《けむり》でも見えるかというので、生徒らはおもしろがって、はしごに登って屋根の上から見物」（『福翁自伝』）するような様子だったようです。

上野戦争は、午後には彰義隊が敗走し、一日で新政府軍の勝利に終わりました。戦乱は、その後も会津や箱館《はこだて》（現在の函館）などで続きますが、西洋の事を知りたいという若者が続々と慶應義塾に入学し、塾は盛んになりました。幕府の学校は、その教師さえ行方が分からぬ状態で、新政府はまだ学校どころではなく、日本国中に、書を読むところはただ慶應義塾ばかりという有り様だったようです。福澤は、自伝のなかで「世の中にいかなる騒動があっても、変乱があっても、いまだかつて洋学の命脈を絶やしたことはない。慶應義塾は一日も休業したことはない。この塾のあらんかぎり大日本は世界の文明国である。世間にとんじゃくするなと申して、大ぜいの少年を励《はげ》ました」と述べています。

この話を題材にした名画があります。近代を代表する日本画家安田靫彦《ゆきひこ》が明治四十三（一九一〇）年に描いた作品です。遠く上野から上がる煙の様子を見物する塾生を背に平然と授業する福澤の姿が淡《あわ》く美しい色調で描かれています。

そして、この出来事は、世の中がいかに変化しようとも学問をするのだという福澤の強い意志を表した、慶應義塾にとって大切な話となりました。そこで、昭和三十一（一九五六）年、慶應義塾は、この五月十五日をウェーランド経済書講述記念日と定め、毎年、慶應義塾大学の演説館で記念講演会が開かれています。

安田靫彦「福澤諭吉ウェーランド経済書講述図」
（慶應義塾福澤研究センター）

小満《しょうまん》

秋に蒔《ま》いた麦などの穂《ほ》が少し満ちてくる季節です。自分たちで田畑を耕していた時代には、収穫ができるかどうかが命に関わっていましたから、麦に穂が付く姿《すがた》を目にした時の喜びは大きかったことでしょう。沖縄地方は一足早く梅雨《つゆ》入り

です。沖縄では梅雨のことを小満と次の節気である芒種《ぼうしゅ》を合わせて小満芒種（すーまんぼーすー）とも言うそうです。

八　早慶野球試合

毎年、この季節と秋に東京六大学野球リーグが開かれます。その最終戦を飾るのが慶應義塾大学と早稲田大学の伝統の一戦、早慶戦です。

慶應義塾の塾生が三田ベースボール倶楽部《くらぶ》を結成したのが明治二十一（一八八八）年、その四年後の明治二十五年には慶應義塾に体育会が創設され、その一つとして野球部が誕生しました。野球部のグラウンドは、現在、演説館のある稲荷山《いなりやま》の下にあり、細長い土地だったため、ホームベースと二塁の間がかなり離れた変わった形をしていました。ファウルしたボールが周囲の林に入ると、審判が「ボールロスト」と言って、試合を中断しボール探しをします。見つかると、「ファイン」と言って、試合が再開されました。

その慶應義塾大学野球部に、新しくできたばかりの早稲田大学の野球部から挑戦《ちょうせん》状《じょう》が送られてきました。明治三十六（一九〇三）年のことです。この書状は、挑戦状と言われているものの、その文面は「教えを受けて、学ばせていただきたい」というような丁寧《ていねい》なもので、慶應義塾の側も、「貴校と当校とは是非ともマッチを致すべき者」と返答し、これを受けて立つことに決まりました。こうして十一月二十一日に、完成間もない慶應義塾の綱町《つなまち》運動場で第一回早慶野球試合が行われました。この日、早稲田の野球部員は、まだ電車が通じていないため、早稲田からの道のりをはるばる歩いて、三田までやってきました。試合は、両校合わせて三十安打という打撃戦となり、お互い点を取りあうシーソーゲームの末に、十一対九で慶應義塾が勝利して終わりまし

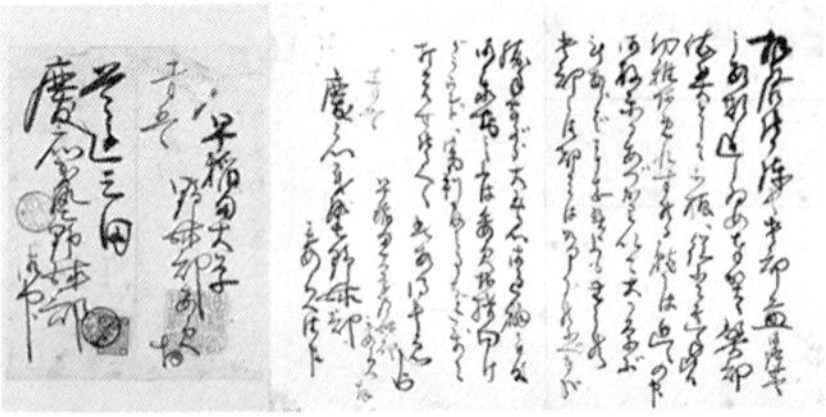

早稲田からの挑戦状
（慶應義塾福澤研究センター）

綱町運動場にある早慶戦百周年記念碑

た。接戦を演じた両校は、試合後の懇親会《こんしんかい》の席で、今後は春秋二回定期戦を行うこと、第二戦は翌年六月四日に実施することを取り決めました。

第二戦は、当時、最強と言われた第一高等学校（現在の東京大学教育学部）野球部を早稲田、慶應義塾が立て続けに破った直後に行われ、事実上、日本一を決める試合となりました。世の中の注目を集め、学生のみならず一般の野球ファンも観戦につめかけ、新聞社からは取材記者も派遣された一戦は、早稲田が初戦の雪辱《せつじょく》を果たします。その後の試合も、両校の実力は伯仲《はくちゅう》し、熱戦が続いたため、早慶野球試合の人気は、うなぎ登りに高まりました。明治三十九年秋の試合は三回戦制で、両校一勝ずつのタイとなって決戦を迎えることになりました。両校とも大一番を前に、授業をしている場合ではないと、朝から応援《おうえん》練習に励《はげ》む有り様でした。ところが、両校の応援があまりに激しくなり過ぎたために、このまま試合を行うことは危険であるとの判断から、慶應義塾大学側が早稲田大学に中止を申し入れ、試合前日に中止の決定が下されました。この中止は短期間のことだとも思われましたが、絶縁状《ぜつえんじょう》を送り付けるなど、お互いの態度が硬くなり、再開のめどが立たぬまま、なんと十九年の歳月が流れてしまいました。

早慶野球試合の復活は、東京六大学野球リーグの始まりがきっかけとなりました。その前身である早慶に明治を加えた三大学野球リーグが発足し、これに法政、立教が加わっても、早慶の直接対決は行われぬままという、変則的なリーグ戦となっていました。大正十四（一九二五）年に東京大学が加わり、現在の六大学となった時、早慶戦ができないならばリーグを解散して、お互いに対戦できる学校で新たなリーグを結成するという申し出がありました。そうなると、復活に反対を続ければ孤立《こりつ》してしまうため、慶應義塾の大学側もついに復活に同意することになりました。こうして早慶野球試合は、長い中断期間を超えて再開しました。その後、早慶野球試合は、慶應義塾も早稲田も力は互角《ごかく》、お互いを良きライバルとして、毎年熱戦が繰《く》り広げられました。その様子は、始まったばかりのラジオでの実況《じっきょう》放送で全国に伝わり、早慶野球試合は、国民的人気スポーツとなりました。応援も、ますます熱を帯び、慶應義塾からは「若き血」、早稲田からは「紺碧《こんぺき》の空」の応援歌も誕生しま

「最後の早慶戦」出場選手たち
（慶應義塾福澤研究センター）

した。

早慶野球試合には、悲しい歴史もあります。太平洋戦争の時期には、野球は敵国のスポーツであるとされ、六大学野球リーグは解散を命じられました。そして、学生は卒業するまで兵隊となって出陣《しゅつじん》することを延期されていましたが、昭和十八（一九四三）年には、延期が停止され、身体検査に合格した者は、学生のまま軍隊に入隊し、戦争に行くことになりました。これを学徒出陣といいます。この時、「戦争に行く前にもう一度早慶戦をやりたい」という野球部員の思いに、塾長の小泉信三も賛成して、慶應義塾から早稲田に野球試合の申し入れがされました。早稲田側では、非常事態の中で野球をすることになかなか賛成が得られませんでしたが、最後は大学ではなく野球部として試合をしようと決断し、ついに「最後の早慶戦」と呼ばれる野球試合が実現しました。試合の行われた早稲田の戸塚球場は、最後になるかもしれない早慶野球試合を一目見ようという観客で超満員となりました。駆けつけた小泉は特別席に案内されるのを断り、

「私は、学生と一緒のほうが楽しいのです。」

と言って、学生席に座って応援しました。

試合結果は、十対一で早稲田の勝利。しかし、選手たちは勝ち負けに関係なく、野球ができる喜びでいっぱいだったことでしょう。試合後は、どこからともなく聞こえてきた、出陣する兵士を送る歌「海ゆかば」の歌声が両校の応援席全体に広がったといいます。この「最後の早慶戦」の話は、本になったり、映画になったりして、語り継がれています。

そして終戦。早慶野球試合は、現役と卒業生合同チームでの早慶戦（オール早慶戦）として終戦間もない昭和二十（一九四五）年十一月十八日に行われ、戦後復興の一歩となりました。さらに翌年の春には、東京六大学野球リーグも復活しました。それから今日まで、早慶戦は、数々の名場面を残し、名選手を誕生させながら、今も特別な野球試合として輝いています。

芒種《ぼうしゅ》

田植えの季節です。芒種とは、穂《ほ》の出る稲などの種

を蒔《ま》くころのことをいいます。機械がない時代には、この時期に数本ずつに束ねた苗《なえ》をひとつずつ手で植えていました。そして、本州地方では間もなく梅雨入りです。しとしとと降り続く雨はいやなものですが、稲などの植物には恵みの雨となります。梅雨の文字通り、この季節に梅の実が熟《じゅく》して旬《しゅん》を迎えます。

九　海外留学

海外旅行は、いつもとは違う光景を目にしたり、様々な国の人と接したりする楽しさがあります。しかし、海外勤務や海外留学となると、楽しいことばかりではありません。仕事の場合には、考え方や母国語の異なる人たちと交渉《こうしょう》する難しさ、新しい場所で一から商品を売り込んでいくといった責任の重さが伴います。留学は、未知の学問を不慣れな外国語で学ぶのですから、人一倍の努力が必要になります。

福澤諭吉は、若いころに三度の海外渡航を経験しました。そして、「百聞は一見にしかず」の諺《ことわざ》どおり、実際に世界の国々に足を運んで、見聞を広めることがいかに大切かを感じました。そこで、自分の子どもたちには、海外留学をさせたいと考え、実際にそうしました。更に、子どもだけではなく、甥《おい》の中上川《なかみがわ》彦次郎《ひこじろう》や、娘と結婚の約束をした福澤（岩崎）桃介《ももすけ》、清岡邦之助《くにのすけ》も前後して海外留学をさせました。

長男一太郎と二男捨次郎は、明治十六（一八八三）年の六月十二日、アメリカに向けて横浜を出航しました。五年に渡る海外留学の始まりです。出発の二日前、福澤は、留学中に気を付けることを巻紙に書いて、二人に渡しました。全部で五つのことが書かれていましたが、これを簡単にまとめると、次のような内容でした。

幼少期の一太郎と捨次郎との写真
（慶應義塾福澤研究センター）

一、留学中、日本にどんなことが起こっても、父母から帰ってくるようにと連絡があるまでは、帰ってきてはいけない。

一、一太郎は、農学を勉強すると

決めた以上は、これに集中して勉強すること。
一、捨次郎が何を勉強するかは、本人の希望に任せる。
一、二人とも学問の上達は第二として、身体の健康に気を付けてほしい。
一、一太郎は、お酒が強くないので、これを慎《つつし》んでほしい。

一太郎，捨次郎にあてた留学心得
（慶應義塾福澤研究センター）

父として、子どもに、しっかり勉強してきてほしいと思う気持ちと、それ以上に健康でいてほしいと思う気持ちが入り混じった文書です。

福澤は、『福翁自伝《ふくおうじでん》』の中で、二人の海外留学中に、なんと三百通以上の手紙を書いたと述べており、その中で今日も残っている手紙が百通以上あります。横浜出航から七日後、一太郎、捨次郎は、まだ船上にいるのですが、福澤は早速、一通目の手紙を書きました。その手紙では、アメリカに着いたら相談事は誰にする、お金の貸し借りはしてはいけない、といった注意とともに、学問は決して急ぐ必要はない、急いで健康を損《そこ》ねては一番困ると伝えています。福澤は、何よりも二人の健康を案じ、その後の手紙でも、繰《く》り返《かえ》し身体の用心について触れています。

また、一太郎、捨次郎を励《はげ》ます手紙も度々、送っています。二人が海外留学に出てから、三年ほどが過ぎた時の一太郎あての手紙には、およそ次のようなことが書かれています。

「君からの手紙を拝見しました。外国留学にお金がかかると心配しているようですが、これは君たちが生まれた時から準備してきたことなので、心配する必要はありません。また、学業の進歩がないことを心配しているようですが、今は不得意な数学を勉強しなければならないので、苦しいでしょうが決して落ち込むことはありません。シモンズ氏からも手紙があり、君の性格をとてもほめています。これを見て、私は嬉《うれ》しくて仕方ありません。また、君からの英文の手紙は毎回上達しているように見え、父母はそれに満足しています。何はともあれ、安心して身体の健康を第一に考えてください。」

一太郎からは、自分の勉強が思うようにいかない苦しさを福澤に訴《うった》える手紙が送られてきたのでしょう。福澤は、父親として心配はいらないと、一太郎を安心させる言葉をかけ、更に、一太郎の良いところを挙げて、誉《ほ》めることで一太郎を勇気づけようとしていることが読み取れます。シモンズは、アメリカ人の宣教師であり医師として来日し、横浜で活動をした人です。福澤が重い病気に罹《かか》った時に治療《ちりょう》をしたことから親交を深め、この時期、丁度アメリカに帰国していたので、福澤は子どもの留学中の面倒を依頼《いらい》していたのです。

福澤の手紙には、子どもたちに長く会えないことの寂《さび》しさを感じさせるものもあります。一太郎から、しばらく手紙がないと、長文でなくてよい、無事の一言でいいから手紙を書いてほしいと催促《さいそく》しています。また、出航から丁度、一年経った時、福澤は二人の写真を早く見たいと知らせました。そして、写真が送られてくると、「君たちの写真が届きましたが、誠に良くできています。しかし写真が良いのではなく、実物が良いからこんなに良くとれたのです。」と、写真を手にしたことを素直に喜ぶ返信を送っています。

一太郎は、コーネル大学の農学部に入学したものの、勉強内容が合わなかったため、これを辞め、英文学の書物を読むことに専念しました。捨次郎は、ボストンのマサチューセッツ工科大学土木工学科に入って、鉄道土木を学び、卒業しました。二人は、横浜出発から五年後の明治二十一（一八八八）年六月にニューヨークを出発し、ヨーロッパを巡ってから日本に戻りました。帰国後、二人は海外留学の経験を活かした仕事に就きました。一太郎は慶應義塾で英米文学の授業を担当したり、福澤が始めた新聞社、時事新報社で外国の新聞通信社との交渉を担当したりしました。捨次郎は、中上川が社長となった山陽鉄道に入社して技師として働きました。

福澤の時代には、船や電車を乗り継いで何日もかけて行く海外渡航は簡単なことではありませんでした。そして、海外に渡った子どもたちとのやりとりは手紙以外にない時代でした。今では、一日あれば世界のどこにでも飛行機で行くことができます。電話を使えば、海外にいる人の声を聴くことができ、更にはインターネットを使って顔を見ることもできるようになりました。海外旅行や海外留学は、格段に身近で容易になったと言えるでしょう。それでも、遠い国に留学して勉強するという決断には強い覚悟《かくご》が必要ですし、それを励ましつつ、子どもの健康を心配する親の姿は、今も昔も変わらないものかもしれません。

夏至《げし》

夏至は、昼の時間が一年の中で最も長くなる日です。南半球では逆さまに夜の時間が長くなります。サトイモ科にカラスビシャクという植物があります。半夏《はんげ》ともいい、この植物が生えるころを半夏生《はんげしょう》と呼びます。夏至から十日ほど後に当たります。農家にとっては大事な日で、この日は天から毒気が降ると言われ、この日までに田植えを終えるという目安になっています。

一〇　演説

福澤諭吉は、日本人は自分が思っていることを多くの相手に向けて話をし、伝える能力を身に付けなければならないと感じていました。これを英語では、スピーチ、ディベートと言い、アメリカやヨーロッパの国々では、人が集まると、さかんに自分の意見を言い合う習慣がありました。一方、日本には古来、そのような風習はなく、公衆を前に口頭で自分の考えを述べるということは、ほとんど行われていませんでした。当時は、会議でも一般的なやり方は、紙に書いてきたものを朗読するだけで、意見を戦わせるようなことはなかったようです。折しも日本では、新しい政治のあり方として、議会を開こうという機運が高まっていましたが、意見を述べるということに慣れていない中で議会ができても、意味をなしません。

そこで福澤は、スピーチやディベートの方法が書かれたアメリカの本を翻訳《ほんやく》し、『会議弁』として出版して、これを盛《さか》んにしようとしました。日本にはなかったことですから、英語に合った適切な日本語がありません。福澤は、スピーチに「演説」、ディベートに「弁論《べんろん》」「討論《とうろん》」という言葉を当てはめ、ほかに今日も使われている言葉では「可決」「否決」などの日本語も生み出しました。そして、その書に従って実地に討論や演説を練習する集まりとして、明治七（一八七四）年六月二十七日に、三田演説会を発足させました。

三田演説館

演説がたちまち日本人に受け入れられたわけではありません。欧米《おうべい》にある学会（アカデミー）のような学者の団体を作ろうと、アメリカ帰りの森有礼《もりありのり》（後に初代文部大臣）が声をかけ、福澤や当時第一流と言われていた学

尾崎行雄
（慶應義塾福澤研究センター）

者たちが集まって明治六年に創立した明六社という団体がありました。森をはじめ明六社の学者たちの中には、日本語はスピーチに不適当な言葉だと言って、演説を盛んにしようという考えに賛成しない者が多くいました。ある明六社の集会の席上、福澤は、突然テーブルの前に立ち、皆さんに聞いてもらいたいと言って、その時の時事問題について思う所を述べました。そして、自分の述べた内容が理解できたかと問うと、聞いていた人たちはよく分かったと答えました。そこで福澤は、これがスピーチというものであるから、日本語でスピーチはできないなどということはご無用であると言って一同を笑わせ、以後、明六社でも演説が行われるようになったといいます。

三田演説会は、福澤が亡くなるまでに四百回ほども開かれ、福澤自身の演説も二百三十回を超《こ》えたそうです。三田演説会の活動は、日本全国に演説を広めました。塾生たちの中にも熱心に演説会や討論会を行うグループが表れ、それぞれ協議社や猶興社《ゆうこうしゃ》などと名乗りました。そして、その中から、尾崎行雄《おざきゆきお》（協議社）や犬養《いぬかい》毅《つよし》（猶興社）のような政治家、日本の近代化に関わっていく人々が巣立《すだ》っていきました。政治の道を志した尾崎と犬養は、長州藩、薩摩《さつま》藩出身者による藩閥《はんばつ》政治をなくし、国民の意思を反映した、憲法に基づく政治を実現しようと、憲政擁護《けんせいようご》という言葉を掲《かか》げて、様々な場所で演説会を開き、憲政擁護を訴《うった》えました。二人の演説には、いつも大勢の聴衆が集まり、いつしか二人は「憲政の神様」と呼ばれるようになりました。後年、慶應義塾の出身者で最初の内閣総理大臣となった犬養は、昭和七（一九三二）年五月九日に開かれた慶應義塾の創立七十五周年記念式典で、祝辞を述べましたが、そのわずか六日後、五・一五事件が発生し、軍人の凶弾《きょうだん》に倒れてしまいました。

三田演説会が発足した当初に話をもどしましょう。演説会は福澤家の二階の広間などを使っていましたが、福澤は、自らのお金を使って、演説、討論の会場を新築しまし

犬養毅
（慶應義塾福澤研究センター）

松村菊麿模写（原画和田英作）福澤諭吉演説像
（慶應義塾福澤研究センター）

た。三田の演説館です。明治八年五月に開館したこの建物は、壁《かべ》が印象的ですが、これは、屋敷《やしき》や倉庫の外壁《がいへき》に使われていた海鼠壁《なまこかべ》という和風の様式です。当時の西洋風建築にもたびたび使われていたようです。建物の中に入ると、四百名ほどが聞くことのできる席が並び、中央奥に演説用の台（演壇《えんだん》）があります。演壇の後ろには、和服姿で両手を組んで演説している福澤を描いた絵が掛《か》けられています。その原画は図書館のステンドグラスの原画も手がけた洋画家の和田英作が制作し、三田の大講堂に掲げられていましたが、戦災で焼失してしまいました。現在ある演説館の絵は、和田の門下生松村菊麿《まつむらきくまろ》が和田の作品を模写したものです。福澤の演説は、それを直接聞いた人の記録によれば、まず演壇に立つと笑顔で会場を見渡し、懐《ふところ》から草稿《そうこう》を出してテーブルに広げ、絵のように始終両手を組んだ姿勢で、身振り手振りなどはせずに話を進めたといいます。聞き手に向かって質問を投げかけるように、身近な例えを使いながら分かりやすい言葉で語りかけ、聞く人を飽《あ》きさせない面白いものであったようです。

演説館は、元々は図書館や塾監局と呼ばれる建物の近くにありました。ところが関東大震災《だいしんさい》の後、大切な建物が密集していると火災のときに危険であるとの判断から、他の建物から少し離れた稲荷山《いなりやま》と呼ばれる小高い丘に移されました。これが幸いしました。太平洋戦争の空襲《くうしゅう》で、三田の慶應義塾の建物は、ほとんどが焼けたにもかかわらず、演説館は奇跡的に残ったのです。

福澤は、この演説館を「その規模こそ小なれ、日本開闢《かいびゃく》以来最第一着の建築、国民の記憶《きおく》に存するべきものにして、幸に無事に保存するを得ば、後五百年、一種の古跡《こせき》として見物する人もある可《べ》し」(「福澤全集緒言」)と言っていました。福澤の予想に反し、実際には五百年よりもはるか手前、完成からわずか四十年で、三田演説館は東京の史跡に指定され、現在は、国指定の重要文化財となっています。そして、演説館は現在もなお年二回開催《かいさい》される三田演説会や名誉学位授与式《めいよがくいじゅよしき》などの特別行事の会場として使われているのです。

小暑《しょうしょ》

気温が上がり、いよいよ暑さが本格的になるころです。南風に乗って熱い空気がただよい始め、どんよりとした梅雨の季節に終わりを告げます。梅雨明けです。小暑から立秋までの間の暑い季節に、知り合いの健康を気づかい、家を訪ねたり、

手紙を書いたりすることを
暑中見舞いといいます。

一一　塾生皆泳《じゅくせいかいえい》

暑い夏がやってきました。海やプールの水につかって泳ぐのが、何とも気持ちのよい季節です。陸のスポーツは苦手でも水の中は大得意、なんて人もいるでしょう。

慶應義塾の塾長であった小泉信三は、昭和十四（一九三九）年十月に刊行された『学府と学風』という本の「学生と水泳」と題する一文の中で、「塾生皆泳」という言葉を掲《かか》げました。「塾生皆泳」とは、そのままの言葉で表すと、「慶應義塾塾生よ、皆《み》な泳げ」です。小泉は学生の必ず身に付けるべき技の第一のものとして水泳を挙げ、「塾生皆泳」が当面の理想であると書きました。小泉は、なぜ慶應義塾の塾生は泳げるようになるべきだと思ったのでしょうか。「塾生皆泳」の言葉に続く話を見てみましょう。

泳げれば助かるものを水に溺《おぼ》れて死んでしまう者は、父母からもらった命を粗末《そまつ》にする不孝（親孝行でない）の子であり、小さい子どもが水に落ちてしまったのを見て、何もできず救うことができないのは不仁《ふじん》（思いやりや優しさがない）の人である。しかも、孝行な子、思いやりのある人との分かれ目は、わずかに数十日の水泳の練習をやるかやらないかの違《ちが》いでしかない。だから、慶應義塾の塾生は、皆、泳げるようになろうと、小泉は言ったのでした。

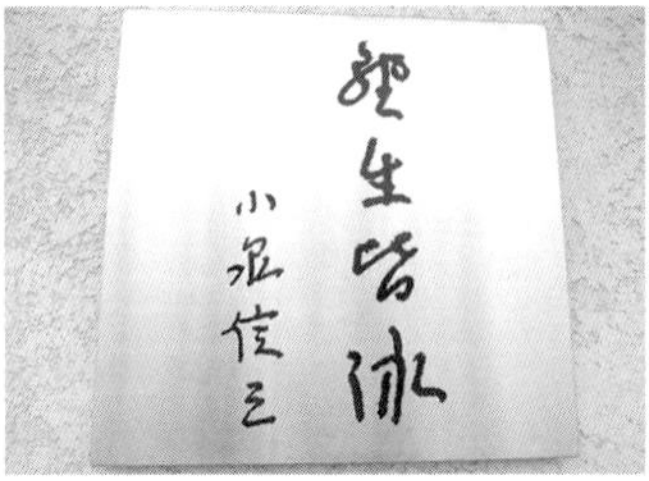

慶應義塾横浜初等部プールにある、小泉の字を組み合わせた塾生皆泳のプレート

小泉は、「練習は不可能を可能にす」という、たいへん有名な言葉も残しています。小泉は、ここでも水泳を例に引いています。水泳を習わない人は水に落ちれば溺れて死にますが、水泳ができる人は、浮かんで泳ぐことができます。動物で考えれば、水に溺れる動物と、泳ぐ

綱町プールでの授業風景（年代不詳）
（慶應義塾福澤研究センター）

ことができる動物では、まったく別の種類の動物と言えますが、人間は練習をすることによって、泳げないものが泳げるようになるのです。水泳の飛び込みで十メートルの高さから水に飛び込むことは、いかなる勇士といえども練習することなしにはできません。百メートルを十五秒で走ることは運動選手には、たやすいことかもしれませんが、全く練習しない者は十五秒かけても走ることはできません。このように、どんなスポーツでも、あるいはスポーツ以外でも、到底《とうてい》できないと思ったことが練習を重ねることによってできるようになったという体験をしたことがある人は多いでしょう。小泉は、不可能が練習によって可能になるという体験こそ、スポーツが与えてくれる第一の宝物だと言っています。

「塾生皆泳」が登場する『学府と学風』は、小泉が学生生活について望むところを書いたり述べたりしたものを集めた本です。小泉は、その中で繰り返し塾生に向けて、学力のみならず体力も持たねばならないことを説き、「先ず一身の健康を保つことが我々の崇高《すうこう》なる社会的義務である」と言いました。小泉は、卒業式の告辞で卒業生に向かって、「体は申し分ないが一向学問は出来ないという学生と、学問はよく出来るが、勉強のために体が弱くなって働けなくなった学生があるとすると、（中略）学校として失望することは両方とも少しも変わりがないのみならず、ややもすれば社会に対して後の人々の方が負担をかけることが多いのであります」と、健康であることの大切さを伝えています。

小泉のこの考え方は、決して新しいものではなく、福澤諭吉は好んで「身体健康精神活発」と書を書いており、慶應義塾は、その当初から体育がさかんに行われてきました。小泉の先輩で共にスポーツに汗を流すこともあった人に「スポーツの父」と呼ばれた平沼亮三《ひらぬまりょうぞう》がいます。平沼は、幼稚舎（小学校）時代から三田の寄宿舎で生活し、相撲の土俵や、鉄棒、棒高跳びの砂場などで長く過ごしていました。あらゆる運動に手を出すのが、平沼の流儀で、そのような平沼を「スポーツのデパートメントストアだ」という人がいました。昭和七（一九三二）年にアメリカのロサンゼルスで開かれた第十回オリンピック大会、そして次のベルリンでのオリンピック大会（昭和十一〔一九三六〕年）に、平沼は日本選手団の団長となり選手

小泉信三（左）と平沼亮三
（慶應義塾福澤研究センター）

を引き連れて開催地に向かいました。ロサンゼルス大会では、水泳男子が圧倒的な強さで五種目に優勝し、「水泳日本」と呼ばれるようになりました。そして、ベルリン大会では、前回わずかな差で金メダルを逃した前畑秀《まえはたひで》子《こ》が話題をさらいました。前畑が金メダルを獲得した女子二百メートル平泳ぎ決勝は、慶應義塾出身のＮＨＫアナウンサー河西三省《かさいさんせい》がマイクに向かって「前畑がんばれ、前畑がんばれ」と繰《く》り返し絶叫《ぜっきょう》した声とともに名場面として語り継がれています。ベルリン大会の時には、次のオリンピックが東京開催に決まり、平沼は閉会式の壇上《だんじょう》で、「全世界の青年諸君、来たれ、東京オリンピック大会に」とスピーチしました。しかし、日中戦争が激化する中で、東京でのオリンピック開催《かいさい》は中止となり、平沼が「来たれ、東京オリンピック大会に」とスピーチしてから二十八年の歳月が流れた、昭和三十九（一九六四）年になって東京でのオリンピック開催が実現したのでした。

オリンピックでの日本選手の活躍を受けて、日本の国内で水泳が流行しました。

慶應義塾でも神奈川県の葉山で海の水泳講習が行われ、また三田キャンパスの西側にある綱町《つなまち》運動場にプールが出来上がり（昭和五年）、ますます水泳が熱心に行われるようになりました。日吉キャンパスや幼稚舎にプールが建設されたのは、戦後、慶應義塾の創立百年記念事業としてでした。さらに創立百五十年を記念して、日吉プールの場所に新たに協生館が建てられ、プールは飛び込み施設も含めて協生館の館内に造られました。こうして、小泉の時代に「塾生皆泳」を支えた綱町プールは、その役割を終えましたが、それぞれのキャンパスにあるプールで、その精神は今も受け継がれています。

夏になると水の事故を多く耳にします。もし泳げたなら助かることもあったかもしれません。一方で、もし泳ぎが得意だとしても、川の流れは思うよりも速く、海の波は思うより荒《あら》いものです。水の力を甘くみず、自分の力を過信《かしん》せず、暑い季節に水遊びや水泳を楽しんでもらいたいものです。

大学グランドを見下ろす平沼亮三像
（奥の建物が協生館）

大暑《たいしょ》

一年で最も暑い真夏の時期です。空気も熱気を帯びて蒸し暑い日が続きます。立春、立夏、立秋、立冬前のおよそ十八日間を土用といい、その期間の丑《うし》の日が、土用の丑の日と呼ばれています。立秋前の真夏の土用の丑の日には、鰻《うなぎ》を食べるという風習があります。由来は諸説ありますが、いずれにしても鰻は栄養が豊富で、暑さで食欲減退気味の体に良く、夏バテ防止の効果があります。

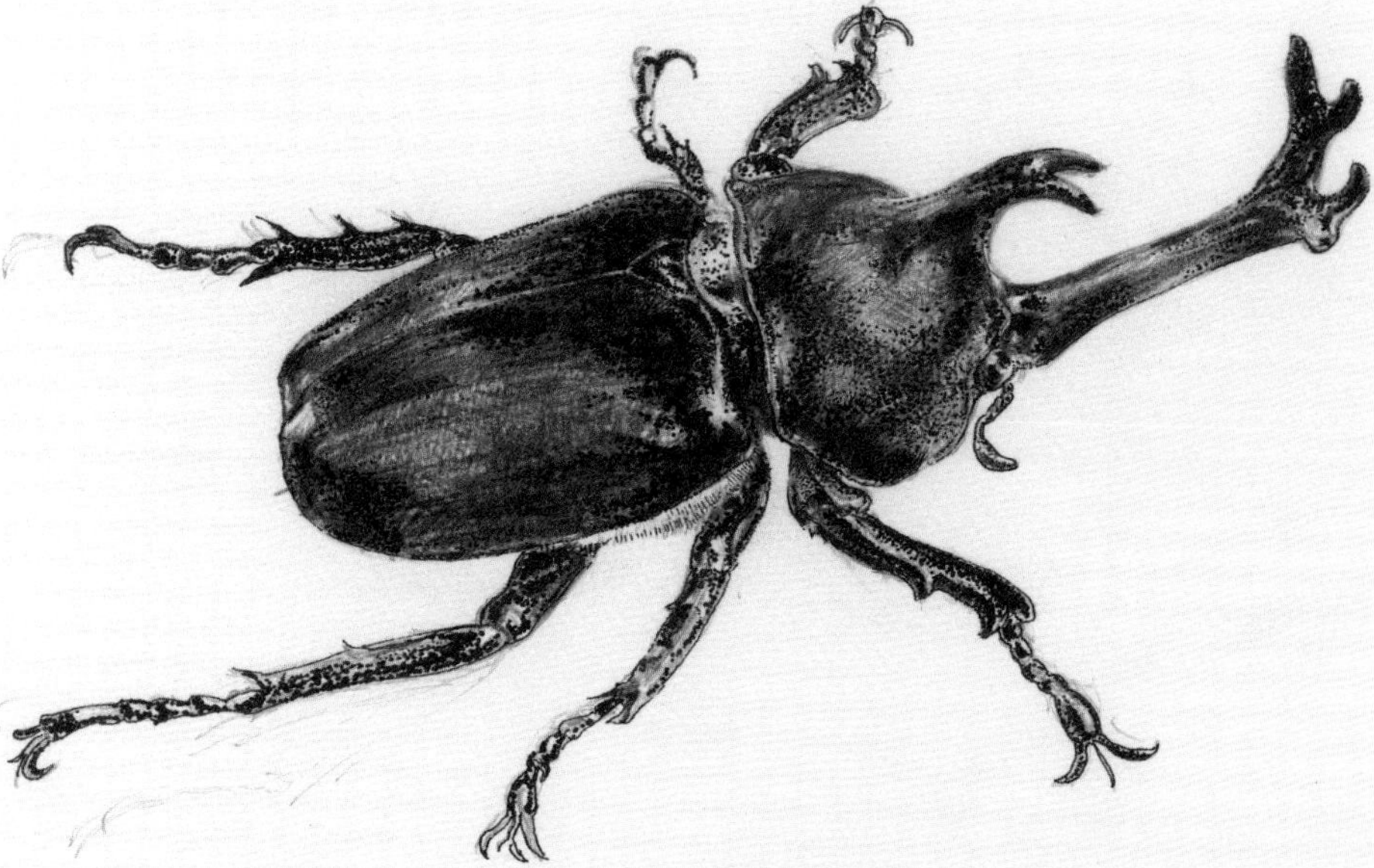

一二　夏は真実のはだか

この季節は、暑い日が続きます。少し外を歩くだけでも汗が吹き出し、強い日差しの勢いに体が押しつぶされそうになります。それでも、現在は室内に居れば冷房や扇風機《せんぷうき》が動いていて、涼《すず》むことができますが、冷房も扇風機もない福澤諭吉の時代は、そうはいきません。

福澤は、『福翁自伝《ふくおうじでん》』の中で、緒方洪庵《おがたこうあん》が開いた大坂の適々斎塾《てきてきさいじゅく》（略して適塾）で学んだ時のことを詳《くわ》しく書いています。緒方は、備中《びっちゅう》の国（現在の岡山県）足守《あしもり》に生まれ、オランダから伝わったヨーロッパの学問、蘭学《らんがく》を学んで、自ら蘭方医《らんぽうい》（ヨーロッパの医学をもとに治療する医者）として開業するとともに、蘭学者として塾を始めました。緒方は、医者としての腕も確かなうえに、その人柄の良さもあって評判が高まり、新しい学問である蘭学を学ぼうと志を立てた若者たちが、全国各地から適塾にやってきました。長崎で蘭学を学んだ福澤は、江戸に出て修行を続けようと、途中、大坂にいた兄三之助のもとにたどりつきました。そこで福澤は、三之助から、江戸に出るよりも大坂で蘭学を学ぶのが良いと勧められ、適塾に入門することになったのです。

現在の適塾

　適塾では、多くの塾生が二階の大部屋に住み込んで勉強していましたので、一人が占《し》める広さは畳《たたみ》一枚ほどしかありません。その中に机や寝具、その他の道具を置いて寝起きする、窮屈《きゅうくつ》な生活をしていました。血気盛んな青年たちが所狭しと暮らしているのですから、真夏の暑さはより一層、厳しいものであったでしょう。福澤は、自分の生まれた場所でもある、中津藩の蔵屋敷《くらやしき》から適塾

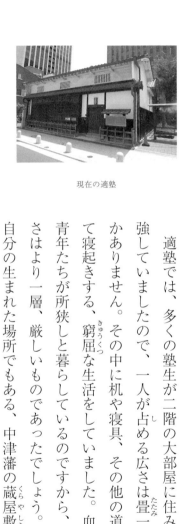

に通っていましたが、中津に戻った三之助が病死したという急な知らせを受けて中津に帰ることになりました。しかし、学問の志を捨てることのできない福澤は、母の許しを得て、再び大坂に戻り、それからは緒方の食客《しょっかく》として適塾で生活することになりました。食客とは、先生の家に住みこんで勉強の機会を与えられた学生のことです。

福澤は、適塾での生活を「書生は皆活発有為《ゆうい》の人物であるが、一方から見れば血気の壮年、乱暴書生ばかりで、なかなか一筋縄《ひとすじなわ》でも二筋縄でも始末にゆかぬ人物の巣窟《そうくつ》、その中にわたしが飛び込んでともに活発に乱暴を働いた」と振り返っています。そして、暑い季節の塾生の様子を「夏は真実の裸体《はだか》、ふんどしもじゅばんも何もない真裸体《まっぱだか》。もちろん飯を食う時と会読をするときにはおのずから遠慮《えんりょ》するから何か一枚ちょいとひっかける」と書いています。日頃は、下着も着ない裸で過ごし、食事と皆で集まっての勉強の時だけ、薄い生地の着物を羽織っていたのです。食事は、おはちに出されたものをめいめいに茶わんに盛って、座ることなく立って食べたそうです。塾生たちは、不潔できたないことを気にもとめず、夏にどこからか、そうめんを手に入れると、ゆでたそうめんを毎朝、顔を洗う時に使う手水《ちょうず》だらいに入れて冷《ひや》そうめんにし、砂糖《さとう》を盗み出して、つゆをこしらえていたそうです。

適塾での裸の生活ならではの話もあります。ある夏の夕方、福澤ほか五、六名がお酒を飲んでいると、誰かが外の高い場所にある物干しで飲みたいと言いだしたそうです。ところが、行ってみるとそこには、適塾の雑用をしている女性たち（女中や下女と呼ばれていました）が先に涼んでいる最中でした。女中たちのいる場で飲むと、後から何を言われるか分からないということで、彼女たちを何とか追い出そうということになりました。そこで、塾生の一人が、真っ裸で物干しに行き、女中たちに「お松どん、お竹どん、暑いじゃないか」と一声かけるやいなや仰向けに大の字になって倒れ込んだそうです。女中たちが、その場に居づらくなって出て行ったところを福澤たちが占領《せんりょう》し、お酒を持ち出して物干しで涼しく飲んだということです。

もう一つは、福澤の失敗談です。ある夜、福澤が二階で寝ていると、下から、

「福澤さん、福澤さん。」

現在の適塾にある物干し

緒方洪庵
（慶應義塾福澤研究センター）

と呼ぶ声が聞こえてきました。福澤は、うるさい女中だ、今頃何の用だと思いながら、仕方なく飛び起きて、裸のままで階段に出て、

「何の用だ。」

と言ったところ、相手は女中ではなく、緒方の妻八重《やえ》だったのです。福澤といえども、裸のままでは、どうしたらいいかも分からず困り果ててしまいました。八重は、これを気の毒に思ったのか、静かに奥に引っ込んだそうですが、福澤は、翌朝も八重に詫《わ》びることができず、とうとう、そのままになってしまったということです。

福澤は、適塾で猛《もう》勉強をしつつ、その合間には仲の良い塾生たちと大坂の町に出て、時にいたずらもしながら、過ごしていました。適塾で学ぶ福澤の名声は、やがて中津藩にも届くようになり、江戸屋敷で蘭学を教える人として福澤に白羽の矢が立ちました。こうして福澤は、適塾を去り、江戸の築地鉄砲洲《つきじてっぽうず》にある中津藩の屋敷で蘭学塾を開くことになります。一方、福澤の師緒方洪庵も、しばらく後に幕府から奥医師兼西洋医学所頭取という役割を与えられ、江戸に呼び出されました。福澤は江戸に出てきた緒方をしばしば訪ねたようですが、その翌年文久三（一八六三）年に緒方は急病のために亡くなりました。福澤は、その後も大阪（明治になって、名称が正式に大坂から大阪になりました）を通る際には必ず、緒方の妻八重のもとに出向き、金銭などを届けていました。適塾時代の福澤にとって、緒方は父のような存在であり、八重は母代わりだったのです。

福澤は、裸で八重の前に登場した失敗を生涯《しょうがい》忘れることができないと言い、それから四十年後、家族同伴で京阪、山陽地方へ旅行に出て、適塾を訪ねた時には、その当時のままの階段を見て、あの日の出来事を思い出し、ひとり心の中で赤面したと書いています。

立秋《りっしゅう》

暑い盛りですが、暦《こよみ》の上では、秋のはじまりです。暑い中にも、涼《すず》しい風が吹き、秋が近づいていることに初めて気がつきます。旧暦の七月七日は、この時期です。梅雨の明けた夜空には天の川をはさんで、織姫と彦星が美しく輝いて見えます。七夕を旧暦で祝う地方も多く、仙台の七夕まつりなどが有名です。そして、朝晩の虫の鳴き声にも、少しずつ秋の気配を感じるようになります。夕方に、カナカナと聞こえる、ひぐらしの声は、夏の終わりを感じさせます。

一三　日吉地下壕《ちかごう》

昭和十六（一九四一）年十二月に始まった太平洋戦争は長期化し、兵力、財力や天然資源などあらゆる面でアメリカに劣《おと》る日本は、日に日に戦局を悪化させていきました。当初、大学などに在学中の学生は、兵隊となる義務（徴兵《ちょうへい》といいます）を免除されていましたが、昭和十八年には、兵隊要員を確保するために二十歳以上の文系学生の徴兵延期が停止され、数多くの学生が軍隊に入ることになりました。学徒出陣です。慶應義塾の塾生も、多くが学生のまま出陣していきました。そして、昭和九（一九三四）年に開設したばかりの日吉キャンパスは、空き教室が目立つようになりました。

そのような日吉の校舎に目をつけたのが、日本の軍部でした。軍部はアメリカ軍による本土空襲《くうしゅう》に備えて東京からの移転先を探していました。慶應義塾は、文部省（現在の文部科学省）からの指示に従い、日吉第一校舎（現在の高等学校校舎）の南側半分を海軍の情報収集を担当する軍令部第三部に貸与することにしました。昭和十九年二月のことです。軍令部の人々は日吉キャンパス周辺の家に下宿し、かつて教室だった場所で仕事をしました。

現在の寄宿舎中棟
（正面１階の部屋が当時の作戦室）

次に日吉キャンパスに移転したのは、連合艦隊《れんごうかんたい》司令部です。日本海軍の連合艦隊は、海上の主力艦隊の先頭に司令部を設置し、前線で指揮《しき》を執《と》るという伝統がありました。しかし、太平洋戦争では、戦闘《せんとう》中の海域が広い範囲に渡るようになり、一隻の船上から指揮することが不都合になってきました。そして、この時期には多くの艦船や航空機を失い、海と空の安全を確保できなくなってきたため、司令部を陸上に移転させることになったのです。いくつかの移転候補地の中から、高台にあるため電波の状態がよく、東京や横須賀の軍港への交通の便も優れている日吉が選ばれました。司令部の入った寄宿舎は、幼稚舎の本館を設計し、戦後の東京国立近代美術館などの建築でも名高い谷口吉郎《たにぐちよしろう》が設計を手掛け、昭和十二年に完成したモダンな三棟《さんとう》の建物でした。当時は珍しい床暖房が全ての個室に完備され、便所は水洗、別棟《べつむね》にはローマ風呂と呼ばれた円形の浴室がありました。ある司令部の参謀《さんぼう》は、

「浴場は、周囲が硝子《がらす》張りの円形の大きな温泉風呂を思わせる豪華《ごうか》なもので、海から上がった者にとっては格別にありがたく、明るいうちに入浴して疲れをいやすことができた。」

と回想しています。寄宿舎は改造され、司令長官の執務室《しつむしつ》や作戦室などに変わりました。

連合艦隊司令部は、空襲に備えて、寄宿舎の真下から東の「まむし谷」と呼ばれる一帯に向けて地下壕を掘り進めました。物資の不足が深刻な中でも、地下壕を支えるコンクリートは、ふんだんに使われ、その厚さは四十センチメートルにもなり、

現在のトンネル工事のコンクリートと比べても、高い強度で造られました。地下壕は、完成した場所から使用が開始され、寄宿舎の作戦室と地下壕の地下作戦室の両方が使い分けられて、連合艦隊の作戦が次々と立てられました。戦艦大和による沖縄への無謀《むぼう》な突入や、多くの特攻出撃《とっこうしゅつげき》の命令も日吉から発せられたのでした。そして、約三十台の短波受信機が置かれた地下壕の電信室では、遠く離れた海で大和が沈められたり、特攻機がアメリカ艦船に体当たりしたりする様子を通信で受信していました。

地下壕（作戦室）

東京日比谷の中央省庁が空襲にあった後は、海軍の重要部署が続々と日吉に移転し、地下壕も拡大していきました。そして、その総延長は五キロメートル以上（日吉駅の反対側、日吉の丘公園地下の艦政本部地下壕を含む）にもなりました。今日、地下壕に入ると、分厚いコンクリートに覆《おお》われたトンネルを思わせますが、当時は、この地下壕に長期間こもっても大丈夫なように、食料倉庫や発電室、トイレを備え、心地よさも追求されていま

地下壕から地上につながる
現存する唯一の竪穴坑

した。大きな爆弾が落ちても耐えられる竪穴《たてあな》の空気坑《くうきこう》がいくつもあり、地下壕の中は風速毎秒一メートルで風が流れるように設計されていました。また当時は珍しい蛍《けい》光灯《こうとう》が取り付けられ、地下にありながら真昼のような明るさだったと地下壕で働いていた人が証言しています。

　昭和二十（一九四五）年八月十五日、日本は終戦を迎えました。正午に昭和天皇の肉声により、日本が無条件の降伏を受け入れることを国民に伝えるラジオ放送（玉《ぎょく》音《おん》放送といいます）がありました。こうして、日吉キャンパスから海軍が姿を消す日が来ましたが、キャンパスは慶應義塾や塾生の手には戻りませんでした。占領統《せんりょうとう》治《ち》のため、日本に乗り込んできたアメリカ軍に接収されることになったのです。三田や信濃町《しなのまち》のキャンパスが空襲により大きな被害《ひがい》を受けた慶應義塾は、日吉を中心とした復興を構想していましたが、大きな変更を余儀《よぎ》なくされ、東京周辺の各所に仮校舎を設けての再出発となりました。日吉キャンパスでは、校舎の多くがアメリカ軍によって使用され、寄宿舎のローマ風呂はダンスホールに改修されてしまいました。地下壕の什器《じゅうき》や鉄製品は持ち去られ、数ヵ所の地下壕入口も爆破《ばくは》されました。日吉キャンパスは、慶應義塾や塾員（卒業生）による返還《へんかん》運動により、四年後の昭和二十四年に接収解除となりました。十月一日の返還式では、金色木製の「返還の鍵《かぎ》」がアメリカ軍から塾長の潮田江次《うしおだこうじ》（福澤諭吉の孫）に手渡されて、日吉キャンパスは、ようやく慶應義塾のもとに返ってきました。地下壕は、危険防止のため封鎖《ふうさ》され、一部は埋《う》め戻《もど》されましたが、近年は、戦争遺跡《いせき》としての重要性が再評価され、慶應義塾の教職員や地元住民などによる「日吉台地下壕保存の会」が活動し、見学ができるようになっています。

戦争の体験をした人々が少なくなる中で、後世に戦争の事実を伝え、平和の意味を考えることのできる日吉地下壕のような戦争遺跡の存在は、ますます重要性を増していると言えるでしょう。

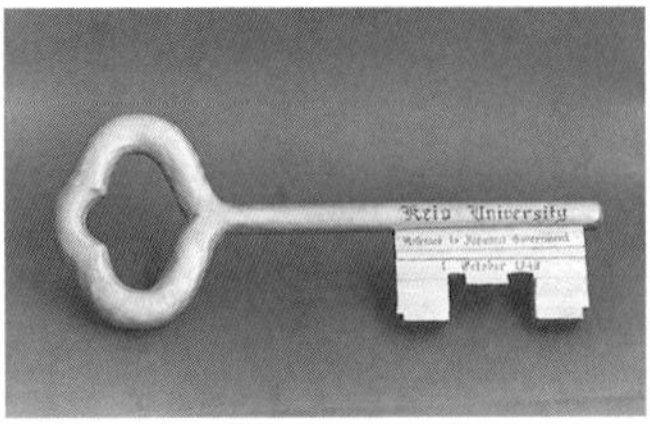

日吉キャンパス返還の鍵
（慶應義塾福澤研究センター）

処暑《しょしょ》

暑さもとまる季節です。昼間は、真夏のような陽気が続きますが、朝晩には天地が冷えて、涼《すず》しくなります。チンチロリンと鳴く、まつむしの声に秋がやってきたことを感じます。立春から数えて二百十日は、台風がやってきて収穫前の田

んぼを荒らす時期と言われています。台風などで野を分け吹き荒れる暴風を野分《のわき》といいます。これを超えると、田んぼに稲が実り、穂《ほ》をたらすようになります。

一四　関東大震災と大講堂

東京市（現在の東京都区部）や横浜市の市民が、これまで経験したことのない激しい揺《ゆ》れを感じたのは、大正十二（一九二三）年の九月一日、どこの家庭も昼ごはんの準備をしていた午前十一時五十八分のことでした。関東地方一帯に大きな被害をもたらし、関東大震災と呼ばれることになる大地震です。この地震は、揺れによる家屋倒壊《とうかい》だけではなく、ちょうど昼時で火を使っていた家が多かったことも重なり、百三十件にもなる火災を発生させました。折からの強風により火の勢いはとどまるところを知らず、木造の家屋を次々に炎の中に包み込んでいきました。火は、東京市の四十パーセント以上を焼き尽くし、二日後の朝、ようやく鎮火《ちんか》しました。死者、行方不明者は十万人を超え、その九割は火災によるものでした。また、火災により焼失した建物は二十一万戸に上りました。

慶應義塾のある三田の山には、震災直後から、避難《ひなん》をする人たちが続々とつめかけたため、義塾は、それらの人たちを収容するために校舎を開放しました。『三田評論』第三一五号（大正十二年十一月刊）によれば、最初の収容人員は約八百人に上り、これに対応するために、教務係を避難者救済事務所として、職員が夜警係、受付係、食料その他世話係といった仕事に従事しました。

震災前の大講堂
（慶應義塾福澤研究センター）

三田の山上は、幸い火災が起きずに済みましたが、地震による建物の被害は大きなものがありました。大講堂は前面のれんがに大きな亀裂《きれつ》が入ったため、れんがを積み直して修復する必要がありました。図書館は、八角塔の上半分を取り壊《こわ》して、れんがを積み直す必要があり、れんが造りの塾監局の建物は、屋根がわらも全部、壊れ落ち、壁に大きな亀裂も生じていたことから、取り壊して建て直すことになりました。

一方、信濃町《しなのまち》の医学部教室と病院は、建造後間もなかったため、建物に被害は少なく、屋根がわらや壁に損害を受けた程度で、入院患者には一人も被害者を出しませんでした。医学部では、病院表門内に救護所を設け、けが人や病人を収容するとともに、救護班を編成して各所に出動させました。救護班は、まだ火災が鎮《しず》まらない困難な中で、けがをした人たちの手当てをしてまわりました。

震災からしばらくの間は、学校がこのような状態な上に、教職員、学生ともに多くの被害を受けており、とても授業のできる状況ではありませんでした。そのため、義塾は当面の間、休校となり、そのことを新聞に広告しました。そして、損害の程度が軽かった医学部は九月十七日、他の学部は十月八日などと、授業を再開していきました。学生の中には、教科書などを焼失した者や、地方出身で下宿場所のなくなった者も相当数いました。そこで大学生の有志が、震災善後会という会を立ち上げて、宿所の紹介や教科書の融通《ゆうづう》など、今日で言うボランティア活動を行いました。

震災の混乱も徐々に収まり、授業も再開したことを受けて、いよいよ建物の復旧工事が始められました。塾監局は、鉄筋コンクリート造りの建物に建て替えられ、今日も現役の建物として活躍しています。新しい塾監局の建設にともない、その隣にあった演説館は稲荷山《いなりやま》と呼ばれる高台に移築されました。

大講堂は、大正四年に森村市左衛門（現在のノリタケ、TOTO、日本碍子《がいし》などの創業者、森村学園を設立）と福澤桃介《ももすけ》（福澤諭吉の娘婿《むすめむこ》で実業家）の寄付で建てられた、収容人員二千人の大ホールでした。大講堂では、入学式、卒業式をはじめ演奏会や講演会なども催《もよお》されました。物理学者のアインシュタインが、この大講堂で相対性理論についての講演を行ったのは、大震災の一年ほど前のことでした。

大震災によって大きく損壊《そんかい》した大講堂入口付近の修復工事は、翌年から進められました。玄関はすっかり改装されて、さらに三階バルコニーに一対のユニコン像が置かれました。ユニコンとは一本の角を持つ馬のような伝説上の動物で、大講堂の像は本来のユニコンとは似ても似つかないグロテスクな姿をしています。なぜ、このような像が取り付けられたのかは、当初より分からぬままですが、奇妙ななかにもどこかしら愛嬌《あいきょう》があるその姿は、いつしか教職員にも学生にも親しまれるようになりました。

久保田万太郎の句碑

日本近代演劇の開拓者で「新劇の父」と呼ばれ、慶應義塾の文学科で講師も務めた小山内薫《おさないかおる》が築地小劇場の旗《はた》揚《あ》げ宣言をしたのも大講堂でした。新劇は、歌舞伎《かぶき》など日本の伝統演劇である旧劇に対して、ヨーロッパ流の近代的演劇を指す言葉です。大震災の翌年、小山内は、震災の知らせを聞いて演劇研究のため留学していたドイツから帰国した土方与志《ひじかたよし》と共に、日本初の本格的な近代劇場となる築地小劇場を創設したのです。二人は、震災復興のため一時的に建築規制がゆるめられていたことを利用して劇場を建設し、同名の劇団を結成しました。その後、小山内は若くして急死し、築地小劇場は分裂することになりますが、新劇の流れは、劇団文学座、俳優座《はいゆうざ》、そして劇団四季などに受け継がれていきました。作家、俳人で劇団文学座を結成した久保田万太郎が、小山内を偲《しの》んで詠《よ》んだ句「しぐるゝや大講堂の赤れんが」が刻まれた石碑は、小山内の胸像とともに、三田の図書館旧館横の「文学の丘」と呼ばれる場所に建っています。

大震災の時には、何とか修復された大講堂でしたが、昭和二十（一九四五）年五月の空襲《くうしゅう》では内部が完全に焼け落ちてしまいました。それでも、戦後しばらくの間、何とか修復できないものかと、焼け残った大講堂の外壁《がいへき》がそのままになっていましたが、慶應義塾創立百周年の前年の昭和三十二年、西校舎建設のために、その外壁もついに取り壊されました。そして、あのユニコンの姿も見られなくなってしまいましたが、その五年後の早慶野球試合にはユニコン像をモデルにした飾りが登場し、以来ユニコンは慶應義塾のマスコット的な存在となっています。大講堂のバルコニーにあったユニコン像も再生されました。そのうち一体は、無残な姿を風雨にさらしていたところを中等部卒業生の寄付を元に昭和五十年に修復されたのです。そして、もう一体は行方不明のままでしたが、中等部創立三十年を記念し、中等部の前身である商工学校同窓会によって復元、寄贈《きぞう》されました。こうして、一対のユニコン像が復活し、現在は、中等部本館の玄関両脇に設置されて中等部生の登下校を見守っています。

慶應義塾中等部にあるユニコン像

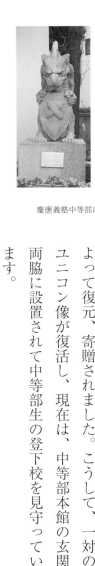

白露《はくろ》

大気が冷えてきて、草の露《つゆ》が寒さで白く見えてきます。残暑が終わりを告げて、朝晩は涼《すず》しく感じることもある季節です。澄《す》み渡った空が本格的な秋の訪れを感じさせます。十五夜にはお団子といもや栗などの作物を供えて、薄《すすき》を飾り、中秋

の名月を愛《め》でるお月見があります。また九月九日は重《ちょう》陽《よう》の節句という長寿を祈る節目の日です。今の暦では少し早いですが菊の節句とも呼ばれています。

一五　労作展覧会

長い夏休みが終わり、学校では、生徒たちが休み中に取り組んだ自由研究を発表する場が設けられる季節です。慶應義塾では、中学校に位置づけられる普通部が昭和二（一九二七）年に労作展覧会の名称でこのような作品発表を始めました。当時、普通部主任（現在の普通部部長）であった小林澄兄《すみえ》は、ドイツで先進的に取り組まれていた労作主義、労作教育学に着目し、これこそ福澤諭吉が大切にしてきた「実学」に通じるものであると考えました。これに対し、日本の学校教育は暗記などの知識を覚える学問にばかり偏《かたよ》っていると感じた小林は、普通部の授業の中に、手工科を採り入れました。労作展覧会のはじまる一年半前のことです。このころ、日本は軍部の力が強まり、中学校では実際に射撃《しゃげき》をしたり、軍事演習をしたりする軍事教練が導入されるようになりましたが、小林は「労作主義は（中略）軍事教練などよりも、はるかに根本的、本質的の教育主義ではないか」と主張しました。手工科は、自ら考え、自らの手で紙、粘土、木、金属などを使って創作する科目で、今日でいえば図画工作科や技術・家庭科に当たります。全国の中学校に作業科の設置が決められたのが昭和六（一九三一）年のことですので、それより五年早く、日本の中学校の中で初めての試みとされています。そして翌年、生徒が制作した作品を学校内外の人たちに観てもらう場として、展覧会形式の労作展覧会が行われたのです。

小林澄兄
（慶應義塾福澤研究センター）

展覧会の前日は、二時間目で授業を終え、翌日に備えて各クラスがそれぞれ教室に工夫して飾り

戦前の労作展覧会の様子
（慶應義塾福澤研究センター）

付けをしました。また、特に優れた作品には賞札がつけられました。こうして迎えた当日は、普通部生の保護者をはじめ千人ほどの来館者があったといいます。そして、労作展覧会はなかなか面白い試みだということで、毎年の行事となり、やがて普通部の「最も重大なる学校行事」（初期の手工科を担当した横田《よこた》仁郎《にろう》）となっていきました。作品の対象とする分野は、はじめ手工や美術が中心でしたが、小林が「労作展覧会はしかし単に工作展覧会であるべきではない。身体的、精神的の労作のある成果が持ちよられなくてはならぬ」と考えたように、次第に各科目へと広がり、論文も加えられました。第一回開催の時、普通部生だった卒業生は、「教科に関係してもしていなくても、自分で何か作る。工作もありましたし、原書を訳したりとかは多かったですね」と回想しています。

その後、労作展覧会は、戦争による二年間（昭和十九、二十年）の中止がありましたが、戦後には直ちに復活しました。戦争が終わって一年ほど、まだ生活に必要なものも不足していた時代ですから、作品づくりも簡単ではなかったと思われますが、卒業生の回想によれば、旧日本軍の部品を調達して制作に当たった生徒もいたようです。展覧会の復活は、一刻も早く普通部らしい日々を取り戻そうという関係者の思いと、この展覧会の普通部での重要な位置づけを感じることのできるエピソードです。

　小林は、後年、労作展覧会を始めた思いを次のように述べています。

「学力や実力をつける目標以上に、何事にも努力する気象を養いたい、自分の心身を思う存分に活動させて、何かねうちのあるものごとを仕上げて行く習慣をつけたい、平素の勉強を夏休みにもつづけて、それになお新しい勉強をプラスすることにしたい」（『普通部会誌』復刊第七号、一九五九年）。

　労作展覧会は、今日では通称であった労作展の名称で普通部の伝統行事として毎年開催されています。普通部生は、夏休み前に作品のテーマを決めて、計画を立て、夏の期間、あるいは一年間を費やして、自らの頭を使い、

戦前の労作展覧会の様子
（慶應義塾福澤研究センター）

手足を動かし、五感を働かせて制作に取り組みます。普通部三年間を継続して一つのテーマに取り組む生徒も少なくありません。時代が変わり、展示方法や授賞の方式などは変わっても、生徒の取り組み方と、労作展の意義は、小林の提唱した労作展覧会から変わることなく受け継がれているのです。

ところで普通部は、戦時中、三田の校舎を空襲《くうしゅう》で失ったために、終戦後の再出発を広尾にある幼稚舎の校舎（もと福澤の別邸《べってい》があったところ）で迎えました。周りはすっかり焼け野原となっていましたが、幼稚舎の校舎はなんとか焼けずに残っていたのです。そこへ、青森県の木造《きづくり》に疎開《そかい》していた幼稚舎生が帰ってきました。それから約七年もの間、狭い中に幼稚舎生と普通部生が同居する日々が続きます。本来、四十名ほどの小学生でいっぱいの教室で、体の大きな八十名前後の中学生が授業を受けている有り様でした。小学生と中学生では、授業の時間も異なりますから、二つの鐘を置いて、音の違いを聞き分けて授業をしていたようです。両校は、何かと相談しながら学校行事を進め、特に混乱が起きることもなく、この困難な時期を乗り越えました。そして、戦後の労作展復活は、普通部と幼稚舎の共同開催《かいさい》で行われたのです。広尾への移転から七年後、普通部は、漸《よう》く横浜市の日吉に移転場所を見つけて引っ越していきましたが、幼稚舎には普通部の伝統行事であった労作展が残りました。現在は、作品展の名称で、夏休み明けの賑《にぎ》やかな行事となっています。さらに二〇一三年に開校した横浜初等部でも、この労作展覧会の精神を受け継ぎつつ、今日的要素を盛り込んだ形で、自由創作展が開催されています。

秋分《しゅうぶん》

気がつけば、日が短くなり昼夜の時間が同じになります。空を見上げれば、高い秋空には入道雲が姿を消し、いわし雲が現れます。「雷、声を収む」と言われるように、雷が鳴らなくなり、夕立も収まります。秋分の日と前後三日を合わせて七日間が秋の彼岸《ひがん》です。田んぼでは、豊かに実った稲が収穫を迎えます。一方、生き物たちは、近づく冬に備え、あわただしく冬眠の仕度をはじめます。

一六　西郷隆盛《さいごうたかもり》と西南戦争

西郷隆盛は、江戸時代末期から明治にかけての激動の時代を駆《か》け抜けた偉人《いじん》であり、当時も今も多くの人から愛され、尊敬されている人物です。西郷は、文政十（一八二七）年、薩摩藩士《さつまはんし》の子として生まれました。当時の薩摩藩主島津斉彬《なりあきら》は、日本は国を開き、強い国へと変わらなければならないと考え（このような考えの人々を開明派といいます）、優れた人材を抜擢《ばってき》しました。西郷は、その側近となって活動しましたが、斉彬が急死した後は藩の情勢が変わり、二度も島に流されるなど、しばらくの間、苦しい生活を強いられます。元治元（一八六四）年、政局が激しく揺《ゆ》れ動く中で、藩もいよいよ西郷の力が必要となり、西郷は島から呼び戻されます。その後、西郷は、薩摩藩を代表して戦場を指揮し、薩長同盟《さっちょうどうめい》を成し遂げ、さらに新政府軍の参謀《さんぼう》として江戸に官軍を進めて、勝海舟との会談で江戸城の無血開城を実現しました。明治政府の樹立後は鹿児島に引き揚《あ》げ、悠々自適《ゆうゆうじてき》の日々を過ごしますが、政府からの求めに応じて参議となり、廃藩置県《はいはんちけん》などの大きな改革を実行します。明治六（一八七三）年、政府内に意見対立が起きると、西郷は、参議を辞職し、再び鹿児島に帰って引退生活を送ることになります。

西郷隆盛

西郷誕生から七年後に中津藩士の子として生まれた福澤諭吉は、西郷と接点がなく、顔を合わす機会はありませんでした。しかし、二人はお互いに認め合う存在であったようです。西郷が鹿児島で私学校を開校し、子弟を教育していた時分に従弟の大山巌《おおやまいわお》にあてた手紙には、次のような一文があります。

「福澤著述之書、難有御礼申上候。篤《とく》と拝読仕候処、実に目を覚し申候。」

福澤の本をじっくり読んで、目を覚ましたと言うのです。西郷は、福澤の著作を愛読し、鹿児島出身者には慶應義塾に入学するように勧めたといいます。西郷自らが入塾する学生の保証人になることもありました。

西郷の鹿児島での静かな生活は、長くは続きませんでした。明治十（一八七七）年、明治政府のやり方に不満を持つ元薩摩藩の士族（武士の家柄の人たち）、つまり西郷の弟子たちが反政府の兵を挙げると、西郷はその盟主にかつがれます。明治政府に対する最大で最後の反乱となる西南戦争です。

西南戦争が始まってすぐ、福澤が動きました。政府に提出する文書を起草し、中津士族の連名で提出したのです。その願い出の内容は、戦争を一時休止して裁判所を開き、西郷側に意見を述べさせる機会を設けるべきだというものでした。しかし、武力で決着をつけるのではなく、言論によって双方の主張を明らかにすべきである、という福澤の願いは届きませんでした。戦争は九月二十四日、鹿児島の城山《しろやま》決戦で終結を迎え、西郷は自刃《じじん》しました。

福澤は、終戦直後に、「明治十年丁丑《ていちゅう》公論」を記しました。丁丑（ひのとうし）は年を表す干支《かんし》の一つで明治十年を指します。福澤は、この本の中で、政府が思うままに政治を行うことに対しては「抵抗《ていこう》の精神」が必要であると述べています。そして、西郷がその抵抗の方法として武力を用いたところは、自分（福澤）とは考えが少し異なるが、その「抵抗の精神」は非難されるべきものではないと、西郷を弁護しています。一方で、多くの士族の職を失わせ、苦しい生活を強いてきたことが反乱を招いたとして、原因はむしろ政府にあると批判しました。福澤は、「西郷は

天下の人物なり」と西郷を評価し、「西郷の死は憐《あわれ》むべし、之《これ》を死地に陥《おとしい》れたるものは政府なり」と書いています。

福澤は、「明治十年丁丑公論」を執筆したものの、当時は政府を批判する出版への取り締まりが厳しかったため、これを公にはせず、後世に残して「日本国民抵抗の精神を保存する」ことにしました。しかし、福澤の西郷に対する敬意の表れは、この書だけでは終わりませんで

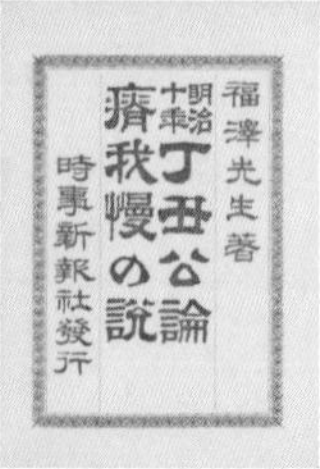

『明治十年丁丑公論・瘠我慢之説』
（慶應義塾福澤研究センター）

西郷隆盛像（上野公園）

した。西郷が依然《いぜん》として政府に反乱を起こした罪人として扱われていた時代に、西郷の銅像を建てようという運動が起こり、福澤は頼まれて、その趣意書《しゅいしょ》を書きました。そして、明治十六（一八八三）年、自らが創刊した新聞『時事新報』に、「永く翁《おう》の偉勲《いくん》を欽慕《きんぼ》する」（永く西郷の功績を敬う）ために銅像を建設したいという文を載《の》せました。さらに福澤は、明治二十九（一八九六）年の『時事新報』の社説でも、「維新第一の勲功《くんこう》と認《したた》めて争うべからざるものは故西郷翁」と書き、西郷を誰よりも高く評価していました。なお、この銅像建設計画は、西南戦争からまだ日が浅く、政府内にも反対意見があって、実現しませんでした。今日、私たちが上野公園で見ることのできる高村光雲作の愛犬を連れ兎狩《うさぎが》りに出かける姿の西郷隆盛像は、明治三十一年に建てられたもので、福澤は、この建設には関わっていません。

西郷は、軍の司令官そして新政府の高官として、長年続いた幕藩体制を打ち破りました。しかし、自らは、高い地位を得て豊かな生活を送ることを望まず、私利私欲を求めずに鹿児島で質素な暮らしを続けました。福澤も、「門閥《もんばつ》制度は親の敵《かたき》」と言ったように、旧来の身分制度を変えねばならないと考え、言論によって多くの国民の意識を変えていきました。一方で、武士の持っていた気質や心掛けは好ましいものと考え、自らも大切にした福澤は、西郷に自らの考えと共通するものを感じていたのかもしれません。そして、西郷もまた、福澤の書を読んで、その思想に驚《おどろ》くとともに大いに共感するところがあったのでしょう。武と文と、二人のやり方は違いましたが、激動の時代にあって日本の進むべき道を示したのが、西郷であり福澤であったのです。

「明治十年丁丑公論」は、その後、福澤自身もその存在を忘れていたようですが、福澤の晩年になって発見され、福澤の許しを得て、『時事新報』に掲載《けいさい》されることになりました。連載が始まったのは、明治三十四（一九〇一）年二月一日、福澤が永眠する二日前のことでした。連載は永眠後も続き、その年の五月には「瘠我慢《やせがまん》の説」という書と合わせて出版され、福澤の西郷や西南戦争に対する考えが公にされたのでした。

寒露《かんろ》

冷気が一段と増して、露《つゆ》が冷たく感じられるようになります。菊の花が咲き始める季節で、旧暦の九月九日、重陽《ちょうよう》の節句は、菊の節句ともいいます。このころになると、秋の収穫を祝う祭りが各地で行われます。足元を見ると、こおろぎやきりぎりすが戸口の近くでも鳴くようになり、空を見上げると雁《がん》が冬を越すために、海を渡ってシベリアから日本に飛んできます。

一七　若き血

大正十四（一九二五）年、慶應義塾大学と早稲田大学による野球試合が再開されました。早慶の野球戦は、両校の応援が過熱しすぎたのをきっかけに、なんと十九年もの間、中止になったままだったのです。両校の学生、卒業生、そして野球ファンが待ちに待った一戦の復活に、応援席は熱気を帯びました。ところが、再開した年も、翌年も、慶應義塾は早稲田に勝てません。試合に勝てないばかりか、応援合戦でも中止期間に完成した校歌「都の西北」を高らかに歌う早稲田に押されるばかりです。当時の慶應義塾の応援歌は「天は晴れたり」。「ワシントン」という唱歌の替え歌で、太鼓《たいこ》を打ち鳴らしながら歌う古風な歌のために、応援団の意気もなかなか上がりません。

再開から三年目を迎え、今年こそは試合に勝ちたい、そして応援でも負けぬように新しい応援歌を作ろうと、塾生たちが立ち上がりました。塾生たちから相談を受けた音楽史の講師野村光一は、堀内敬三を紹介しました。堀内の家は、浅田飴《あさだあめ》という飴づくりの会社を経営していました。堀内は、アメリカに留学して工学の勉強をしましたが、幼いころから音楽好きであったため、アメリカでも大学の合唱団に入り、作曲法を学びました。帰国した堀内は、父が設立した自動車修理工場の管理をすることになりましたが、ラジオ放送を開始したばかりのＪＯＡＫ（現在のＮＨＫ）から、機械にも音楽にも強い堀内の協力が必要だと、声がかかりました。そこで堀内は、父が音楽活動に強く反対するためＪＯＡＫの社員にこそなりませんでしたが、嘱託《しょくたく》という名称でＪＯＡＫの

堀内敬三自筆の「若き血」楽譜
（慶應義塾福澤研究センター）

音楽部の仕事をしていました。

ＪＯＡＫにやってきた塾生たちから、曲の依頼《いらい》を受けた堀内は、慶應義塾とは何の縁もないからと戸惑《とまど》いましたが、歌詞に「独立自尊」も「三田の山」もいらない、ただ一つ、早稲田の「都の西北」に勝てる歌を作って欲しいという頼みを聞いて、これを引き受けることにしました。「都の西北」の譜面《ふめん》を三日ほど、にらみ続けた堀内は、まず作曲から手をつけます。アメリカで大学の対抗試合を見ていた堀内は、応援歌をよく耳にしていたので、アメリカの応援歌のように活動的なものを作ろうと思いました。二拍子《びょうし》にしてテンポを速くし、「都の西北」よりも音域を狭くして歌いやすく、さらに繰《く》り返し歌えるように終わりを工夫するというのが堀内の考えでした。次に歌詞は、「哲学する者」「行動する者」など「…する者」という言い方が当時の流行であったことから、「若き血に燃ゆる者」という出だしが思い浮かびました。堀内が後に記したように「あとは景気のいい文句をならべ」て、詩が完成しましたが、作詞にはいまひとつ自信のない堀内は、ＪＯＡＫの社員に自分の詩を見てもらいました。すると、その人は一ヵ所だけ気になるとして、「烈日の意気朗らかに」は「意気高らかに」の方がいいとアドバイスをしました。こうして、「若き血」が完成したのは、昭和二（一九二七）年十月二十日、早慶野球試合は十七日後と目前に迫っていました。

　十一月六日の試合当日は、塾生が大きな声で熱唱できねば意味がありません。早速、三田の大講堂で歌唱指導が始まりますが、これまでの歌に慣れた塾生に「若き血」のテンポは、速すぎてついていけません。そこで、歌唱力が抜群だと評判の普通部三年生、増永丈夫《ますながたけお》に白羽の矢が立ちました。増永は、中学生ながら、大学生の歌唱指導に当たり、その後、当時は五年生まであった普通部の教室を回って指導をしました。「陸の王者」の部分は、近ごろは「おうじゃ」と読むことが多くなりましたが、本来は「おうしゃ」とにごりません。増永も「りくのおうしゃ」と歌い、指導しました。

　こうして迎えた早慶野球試合は、前年に完成した明治神宮球場に四万人を超す観客を集めて行われました。慶應義塾の先発は、左投げの浜崎真二《はまざきしんじ》。浜崎は、二年前の復活戦に投げて早稲田に打ち込まれ、それ以後、外野手に転向していましたが、次こそ早稲田を倒すと投手に戻り、満を持してこの試合のマウンドに立ったのでした。浜崎は、早稲田打線をわずか三安打に抑え、新応援歌「若き血」にも後押しさ

早慶野球試合（昭和４年）
（慶應義塾福澤研究センター）

れて、慶應義塾が初戦を六対〇と先勝しました。そして翌日の第二戦も、慶應義塾は新人の宮武三郎《みやたけさぶろう》から浜崎への投手リレーで三対〇と二日連続の完封《かんぷう》勝ちを収めました。「若き血」は、ラジオ中継の電波にも乗って、またたく間に全国にこだまし、できた早々に勝ちを呼んだ縁起のいい応援歌として不動の地位を築いたのでした。

その後、勢いのついた慶應義塾大学野球部は、黄金期を迎えます。エースの宮武に加え、翌年には香川県高松出身の水原茂《みずはらしげる》が入部し、秋のリーグ戦で十戦全勝の完全優勝を成し遂げます。そして、この優勝を記念してストッキングの赤色部分に白線が一本入れられました（昭和六十〔一九八五〕年秋に再び全勝優勝し、現在は二本の白線が入っています）。

早稲田も黙《だま》ってはいません。その翌年には、水原と同郷の三原脩《みはらおさむ》ら大物新人を補強し、息を吹き返しました。昭和六（一九三一）年春、三原が水原の投球中に伝説のホームスチールを決めたとき、早稲田の応援席に鳴り響《ひび》いたのが、「若き血」に対抗して早稲田の学生に募集して作られたばかりの応援歌、「紺碧《こんぺき》の空」でした。

水原と三原は、戦後もプロ野球の名監督として活躍し、何度も日本一を争うライバル関係が続きます。

一方、「若き血」をきっかけに父から音楽活動を認められた堀内は、音楽之友社という会社を創り、作曲家、音楽評論家として名を残しました。学生に歌唱指導をした増永は、普通部卒業後、東京音楽学校（現在の東京芸術大学）に進みます。そして、藤山一郎《ふじやまいちろう》の芸名で歌手としてデビューし、「丘を越《こ》えて」や「青い山脈」などの大ヒット曲で、戦前、戦後を代表する歌手となりました。

若き血
作詞・作曲　堀内敬三

若き血に燃ゆる者
光輝みてる我等
希望の明星仰ぎて此処に
勝利に進む我が力
常に新し
見よ精鋭の集う処
烈日の意気高らかに
遮る雲なきを
慶應　慶應
陸の王者　慶應

霜降《そうこう》

その名のとおり、朝夕にぐっと冷え込み、山間部では霜《しも》が降り始める季節です。秋が深まり、草木が赤や黄に染《そ》まります。十一月三日の文化の日を中心にした二週間が読書週間です。読書の力によって平和な文化国家を作ろうという決意のも

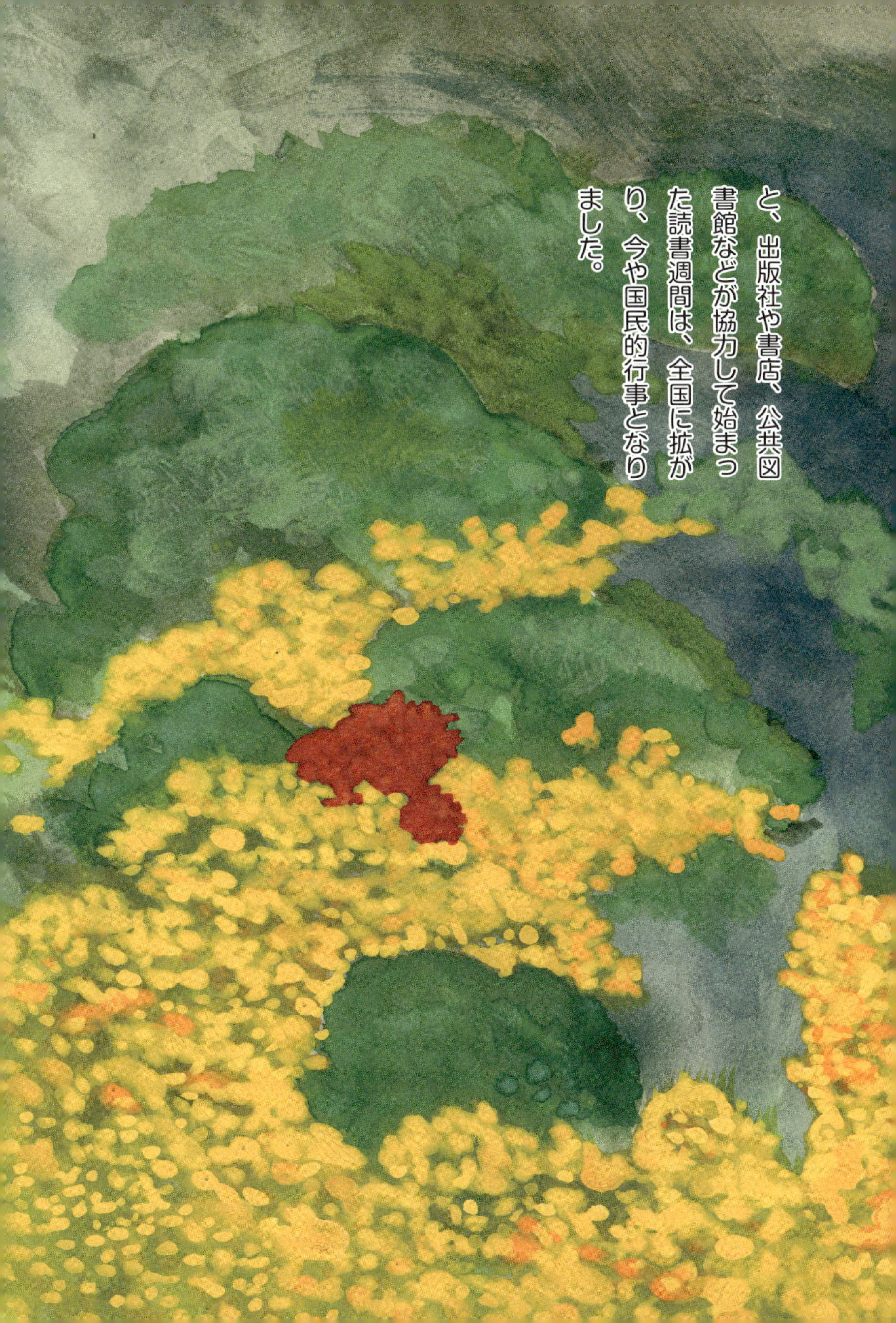

と、出版社や書店、公共図書館などが協力して始まった読書週間は、全国に拡がり、今や国民的行事となりました。

一八　図書館

図書館は、教える側、学ぶ側、両方の教育活動を支える、学校にとって欠かすことのできない大切な施設《しせつ》です。福澤諭吉も、その重要性を感じていて、『西洋事情』の中で、ロンドンやパリなどの図書館の様子を紹介しています。

慶應義塾が三田に移転した時、もともと島原藩《しまばらはん》で使っていた月波楼《げっぱろう》という古びた建物が残っていました。当時としては珍《めずら》しい三階建てで、文字通り品川沖の海が見渡せ、月見の宴会に使われていたようです。この月波楼の三階に二つの書棚《しょだな》を置いて図書を並べ、専任の担当者を置いたのが慶應義塾の図書館の始まりです。しかし、学校経営も、金銭の面でもなかなか安定しない当時の慶應義塾では、本格的な大学図書館の誕生まで、しばらく時間が必要でした。

この時期は、まだ図書館ではなく、書籍館《しょせきかん》や書館などと呼ばれていましたが、明治三十八（一九〇五）年、田中一貞《かずさだ》が初代の図書館監督（館長）に就任し、図書館という言葉が使われるようになりました。田中は、ヨーロッパで図書館の見学や実地調査を行い、福澤の目指した日本の近代化を土台として支える図書館のあり方を考えていました。この時、福澤はすでに亡く、柱を失った慶應義塾に活気を呼び戻そうと、明治四十年に迎える創立五十周年の記念事業として、図書館建設の機運が高まりました。

竣工当時の図書館（手前が八角塔）
（慶應義塾福澤研究センター）

設計は、丸の内オフィス街の建設を担当した曾禰《そね》達蔵《たつぞう》と若手建築家中條精一郎《ちゅうじょうせいいちろう》で、二人は赤レンガのゴシック様式の建物を提案しました。田中は、海外の図書館の研究を元に、

大時計
（慶應義塾広報室）

丈夫で防火の配慮《はいりょ》が行き届いた書庫を造ろうと考えました。そして、その効果は実際に十年先、さらに三十年先に表れたのでした。また、田中は多くの芸術家との親交もあり、彼らの助言を受けながら図書館の装飾《そうしょく》にも力を入れました。建物の正面に掲げられた大時計の文字盤《もじばん》には、ラテン語で「光陰《こういん》矢のごとし」を意味する「TEMPUS FUGIT」の十一文字が刻まれました（残る十二時の位置には砂時計がデザインされています）。正面の玄関を入った広間には、北村四海《しかい》作の大理石彫刻「真間の手古奈《ままのてこな》」像が置かれました。広間を進んで大階段の突き当りには、洋画家の和田英作《えいさく》が原画を描き、小川三知《さんち》が制作した高さ六・五メートルの大きなステンドグラスが図書館完成よりも少し遅れて出来上がりました。慶應義塾のペンのマークを持った文明の女神に対して、鎧《よろい》を着た武者が馬から降りて迎える構図で、下部にはラテン語で「ペンは剣よりも強し」と書かれ、慶應義塾の理想を描いたものでした。

こうして、明治四十五（一九一二）年、地上二階、地下一階建て、収蔵能力二十万冊、閲覧席《えつらんせき》二百席、当時の大学図書館としては他に類のない巨大かつ美しい外観の創立五十周年記念図書館（現在の旧館）が完成しました。今でこそ、静かにたたずむ図書館ですが、古い写真を見ると、平屋の木造住宅が立ち並ぶ三田の町を山上から見下ろす洋館は、慶應義塾の象徴《しょうちょう》といえる堂々とした姿を現していました。その赤レンガの建物は、新橋から品川までの電車の窓から、目にすることができたといいます。中でも、ひときわ目を引くのが正面に向かって右側にそびえる八角塔《はっかくとう》で、その眺《なが》めの良い最上層（三階）には月波楼の名前が付けられました。

図書館の建設を塾長として推し進めた鎌田栄吉《かまたえいきち》は、安礎式《あんそしき》（工事を記念して、柱を支える礎石《そせき》を置く儀式のこと）の式辞で、この図書館の意義を次のように述べました。ここで故先生とは、福澤諭吉のことです。

「思うに我邦《わがくに》新文明と縁故《えんこ》最も深き我三田丘上に安置せられたる礎石は、今後幾多《いくた》の年所を経るも敢《あえ》て動くことなく、永く故先生の遺業《いぎょう》を紀念し又学問独立の基《もと》たるべし。」

現在、図書館旧館は、明治建築の特徴を良く表しているとして、国の重要文化財となっています。レンガ造りの建物は、江戸時代の終わりに日本に伝わってから明治、大正時代まで、さかんに建てられたものの、その後はすっかり姿を消してしまったのです。それはレンガの建物は、火には強いのですが、日本に多い地震には弱かったからです。大正十二（一九二三）年九月一日、関東大震災が起きました。多くの建物が壊《こわ》れる中でも図書館は、壁の各所に亀裂《きれつ》が入った程度で済みました。ただし、八角塔の上半分は、切り取って付け替える工事が必要となりました。

図書館の運命は、その後も平坦ではありませんでした。戦争の影響《えいきょう》が図書館にも迫ってきたのです。当時、慶應義塾の図書館は入館料さえ払えば学外の人も利用することができる数少ない図書館でした。そこで、軍部の統制が厳しくなる中で軍国化とは考えが合わずに他の大学を追われた学者たちにとっては、研究を続ける貴重な場となりました。やがて、図書館前の木の陰には私服の刑事が隠れて、入館者を監視するようになりました。また、図書館のステンドグラスは、日本が西洋にひれ伏す姿だとして軍の関係者から非難を浴びました。そして昭和二十（一九四五）年五月二十五日、アメリカ軍による空襲《くうしゅう》で、図書館は、二日間に渡って燃え続け、赤レンガの外壁を残して焼き尽《つ》くしてしまいました。慶應義塾では、東京で空襲が始まった頃から、このような事態を予想して、貴重な図書を安全な地方へ移していました。残る書物も、木造の屋根が焼け落ちることを想定して、大空襲の直前に、最上階から階下の書庫に移していました。そして大空襲の当日、図書館のステンドグラスは崩《くず》れ落ち、手古奈像は、火をかぶって両手や鼻を失いましたが、警防団員の必死の努力によって、書庫に火が移ることは、食い止められました。

終戦後、「大学の生命は図書館にある」と、大学の多くの施設の中でも図書館の復旧が優先的に進められ、昭和二十四年、図書館は往時の姿を取り戻しました。大空襲で時が止まった大時計も、後年、補修されて再び時を刻み始めました。そして、ステンドグラスは、小川三知の弟子としてかつてステンドグラスの制作に関わった大竹龍蔵《りゅうぞう》が復元を希望して、昭和四十九（一九七四）年に、もとの姿に再現されました。

昭和五十七（一九八二）年の図書館新館の開館により、中心的な役割は新館に移ったものの、赤レンガの旧館は、鎌田の言葉通り現在も動くことなく、そしてその機能を失うことなく、現役の図書館として生き続けています。

図書館（旧館）全景

立冬《りっとう》

冬の気立ちはじめる、つまり冬の始まりです。十一月ごろを小春ともいいます。この時期に突然に訪れる、暖かく心地よい日が小春日和で、アメリカやヨーロッパではインディアン・サマーと呼ばれます。日中は暖かくても、朝や晩には随分《ずいぶん》と冷え込んできて、ああ冬が来るんだなと感じさせる季節です。

一九　銀杏《いちょう》

イチョウは、銀杏とも公孫樹とも書きます。実《み》はギンナンと呼ばれ、焼いたり蒸したりして美味しく食べられます。この時期、銀杏の黄色に色づく葉の美しさは、葉を真っ赤に染めるカエデとともに、街に彩《いろど》りを与えてくれます。

みなさんが慶應義塾大学のある三田の山に上ると、銀杏の巨木が出迎えてくれます。それが、塾生から大銀杏《おおいちょう》と親しみをもって呼ばれている銀杏の木です。大銀杏は慶應義塾が三田に移転する前からずっと、この地にありました。戦争の時には空《くう》

三田の大銀杏

襲《しゅう》にあい、多くの建物や樹木が焼けてしまう中で、奇跡的に生き残ってきました。三田に慶應義塾ができてから今に至るまで、大銀杏は多くの卒業生を見送り、そして慶應義塾の歴史を見続けてきたのです。塾生に愛された大銀杏は、詩や歌にも登場してきました。代表的なものを二つ紹介しましょう。一つは慶應義塾で学んだ詩人、佐藤春夫の「山上の公孫樹」です。

コレハコレワガ放縦《ホウジュウ》ナル青春ノ記念ノ地
イマ三十三年ノ後　足タユク山上ニ来リ
　ムカシ落葉ヲ踏《フ》ミタル校庭ノ公孫樹ノ
　鬱《ウツ》タル緑ニ薫風《クンプウ》ノソヨグヲ仰《アオ》ギ
　サテ近ヅキテソノ幹ニ手ヲ触レツツ
　頑健《ガンケン》ナルコノ古馴染《フルナジミ》ニ云《イ》フ　偉大《イダイ》ナル友ヨ
　君ガ緑ハ年々ニ黄バミテマタ緑ニ
　我ガ髪《カミ》ハ年々ニ白クシテマタ遂《ツイ》ニ緑ナラズ

佐藤が文学科に入学したのは、ちょうど慶應

佐藤春夫
（慶應義塾広報室）

義塾が文学科の改革に着手した時で、作家として活躍していた永井荷風《かふう》を主任教授に招いたばかりでした。そのような状況で、学生は佐藤と、後に詩人、フランス文学者となる堀口大学にあと一人を加えたわずかに三人しかいませんでした。佐藤自身が「中学時代のなまけ癖《くせ》がもはや、習い性となっていてどうにもならない」と振り返っているように、授業には身が入っていなかったようですが、一方で「師あり友があって日々がみな楽しかった」と言うように、三田の山には教授陣として永井をはじめ一流の文人たちが集まり、刺激《しげき》が多くありました。結局、佐藤は卒業することなく途中退学し、作家、詩人の道を歩むのですが、それから三十年以上が過ぎた昭和二十四（一九四九）年、佐藤は講演を頼まれて、久しぶりに三田に足を向けたのでした。戦争から四年が経過したとはいえ、まだその傷跡は深く、三田の山も復興は道半ばでした。その中で、山上の公孫樹の木は、学生時代と変わることなく、佐藤を迎えてくれたのでした。佐藤は、その姿を見た時の様子を次のようにも述べています。

「恰《あたか》も新緑の好季節で、山上の校庭には大公孫樹がさわやかに美しい若葉を品川湾から吹く海の五月のそよ風にざわめきそよいでいるのが、目にこころよかった。思えば、わたくしはその四十年ばかりむかし、この樹の黄葉が地に散り敷《し》くのを踏んでは、近づく秋の試験を苦にやんだものであったが、今その樹を見上げてはなかなかになつかしく、戦災にも傷《いた》められないでそびえ立っているのもうれしかった。なまけ放題になまけて、ついぞ卒業もしなかったのに、それでもここを母校としたわしく思うのは、我ながらに不思議に感じられた。多分わが青春の日が忘れられないのであったろう。」

　もう一つの歌は、早慶戦に勝った時にだけ歌われる応援歌として親しまれている「丘の上」です。「丘の上」は、「若き血」の作られた翌年の昭和三（一九二八）年、慶應義塾の仏文科を卒業した詩人青柳瑞穂《あおやぎみずほ》の作詞、ドイツ系が主流の洋楽界にあってフランス流を展開した作曲家菅原明朗《すがはらめいろう》の作曲により誕生しました。その発表の日、青柳が「『丘の上』は、三田の山に伝わる牧歌とか、民謡《みんよう》とかいうものになってくれるのが作者の念願である」と挨拶《あいさつ》したように、これまでの威勢《いせい》のいい応援歌とは、まるで異なる曲でした。そして、発表の日が慶應義塾の野球部が六大学のリーグ戦で初の全勝優勝を果たした直後であったことから、「丘の上」は、まさに勝利の歌となったのでした。一番だけ紹介しましょう。

丘の上には空が青いよ
ぎんなんに鳥は歌うよ歌うよ
あ、美しい我等の庭に
知識の花を摘《つ》みとろう

慶應義塾の銀杏というと、もう一つ忘れてならないのが、日吉キャンパスにある銀杏並木です。薄《すすき》や雑木が生い茂っていた東横線日吉駅前の広大な土地に、慶應義塾の日吉キャンパスが開校したのは、昭和九（一九三四）年のことです。このころ、慶應義塾の塾生数は激増し、当初は広々とした土地であった三田の山も、すっかり手狭になっていました。郊外に新たな土地を探していたところ、東京横浜電鉄（現在の東京急行電鉄）から沿線の日吉台の土地七万坪ほどを無償《むしょう》で提供する申し出がありました。そして、新たに買い入れる土地や借地も合わせて約十三万坪のキャンパス建設が決まったのです。

植樹直後の日吉銀杏並木

現在の日吉銀杏並木

しかし、五月の授業開始の時には、並木道の舗装《ほそう》も植樹も間に合いませんでした。常任理事として日吉キャンパスの建設を担当した槇智雄《まきともお》は、キャンパス内の樹木の整備にも熱心に取り組み、植木の一本一本まで気を配りながら、数百種、一万二千本を超える植木を買い集めました。槇は、駅前からキャンパス内に延びる約二百二十メートルの正面道路沿いの街路樹を専門家の意見を参考にして、維持管理が簡単で樹齢も長い銀杏に決めました。そして夏休みの期間を利用して、直径三寸（約九センチメートル）、高さ二間（約三六〇センチメートル）の銀杏を九十六本、植樹しました。このようにして、今日の美しい銀杏並木ができたのです。日吉の銀杏並木は、地域の人たちにも愛され、横浜市より一九九七年度の「まちなみ景観賞」を受賞しています。

小雪《しょうせつ》

そろそろ雪の降り始める季節です。山の頂に雪が積もり白い帽子をかぶったような姿を冠雪といいます。寒くて強い北風は木枯らしや朔風《さくふう》と呼ばれ、「朔風葉を払う」は、この季節の言葉です。十一月二十三日、勤労感謝の日は、元々はそ

の年の収穫に感謝をささげ
る新嘗祭《にいなめさい》の祭りの日でした。

二〇　三田祭

都心の銀杏《いちょう》の葉が黄金色に美しく輝く季節に、大学のキャンパスは、一層、華《はな》やかな雰囲気《ふんいき》となります。キャンパスを会場にして学園祭が開かれるのです。学園祭は、学生が主体となって行われる行事で、地域住民など外部の人たちにも学校施設《しせつ》を公開し、クラブ活動などの学生団体による展示、発表や模擬店《もぎてん》の出店、コンサートなどのイベントや著名人を招いての講演などを行います。学園祭の歴史は古く、太平洋戦争前から続いている学校もありますが、戦後の学生による自治意識の高まりが現在のような学生主体の学園祭を生み、定着していきました。

慶應義塾では、十一月の中旬から下旬にかけて四日間、三田キャンパスで開かれる三田祭が、最も歴史が古く、規模の大きな学園祭です。初めて三田祭の名前が登場するのは、昭和二十四（一九四九）年のことです。この年、戦火で失った校舎の再建を祝って教職員と学生による復興祭が開かれたのがきっかけで、学生による学園祭が計画されました。慶應義塾の本拠地である「三田」の名前をつけた行事は、大学側と学生側の調整がつかずに、この年は中止となってしまいました。その後、

三田祭（2001年）
（慶應義塾広報室）

昭和二十六年、二十七年には文化団体連盟《れんめい》による三田祭など、団体ごとに独自に三田祭が企画、運営されていましたが、翌二十八年に慶應義塾創立九十五年を記念して、各団体が一堂に参加した三田祭が開かれました。これ以降、学園祭は秋の恒例行事となりましたが、名称や会場は定まらないままでした。

昭和三十二（一九五七）年には、慶應義塾全体の学園祭にしたいとの考えから義塾祭という名称となり、翌年

創立百年記念式典
（慶應義塾福澤研究センター）

も義塾祭が続きました。この昭和三十三（一九五八）年は、慶應義塾の創立百周年に当たり、様々な記念行事が行われました。十一月八日は、完成したばかりの日吉記念館に昭和天皇をお迎えして創立百年記念式典が挙行され、翌日には全国連合三田会が主催《しゅさい》して塾員（卒業生）の日記念式典が行われました。続いて十二日には塾生の日記念式典があり、その日から十六日までの五日間にわたり、塾生の手による義塾祭が開かれたのでした。会場は、三田キャンパスが記念事業による校舎の建設工事で使えないため、日吉キャンパスをメイン会場に、医学部の信濃町《しなのまち》、そして当時工学部のあった小金井の三会場となり、参加団体は、体育会や文化団体連盟に所属する団体、学生自治委員会などに一貫校も加わって百を超えました。催《もよお》し物も、講演会、音楽会、奇術、落語会、ダンス・パーティーなど多種多様なものがありました。また各高等学校の学園祭もこの時期にあわせて開催されました。

翌三十四年の学園祭は、三田に会場を戻し、名称も三田祭に復活して開かれました。この三田祭が、現在、第一回と数えられる三田祭で、十万人以上の来場者があったといいます。

三田祭が定着した昭和四十年前後は全国的に学生運動が盛んになった時期でもありました。学生運動は、学生が中心となって大学の問題や、政治社会問題に対して活動するものです。この時期に学生運動が活発になった背景には、大学教育が広まり、大学生の数が増加する中で、学生の声がまとまって一定の力を持つようになったことが挙げられます。学生は、大学での自治の要求や学費値上げへの反対などで運動を起こし、さらに当時、政治問題となっていた日米安全保障条約の改定や自動延長、ベトナム戦争に対する反対運動にも及びました。慶應義塾での塾生による自治活動の歴史は古く、明治三十一（一八九八）年には組織が作られています。自治会の代表は学校側と学生生活に関わる問題を話し合ってきましたが、慶應義塾大学も世の中の学生運動が激しさを増すのと無縁ではありませんでした。昭和四十（一九六五）年には、学費値上げに反対する塾生によるストライキ（授業放棄《ほうき》）が起こりました。強硬派《きょうこうは》により校舎などの入口がバリケードで封鎖《ふうさ》される事態となりました。また昭和四十三年には、ベトナム戦争にからめて、医学部が米軍から研究

学生によるストライキ
（慶應義塾福澤研究センター）

資金の援助を受けていることが問題となり、日吉の銀杏並木の入口にバリケードが築かれ、三田では塾監局の建物が学生によって占拠《せんきょ》されて、数ヵ月の間、授業のできない状態となりました。その後も塾生と大学側との間に数度の紛争が起きますが、これに対して、ストライキ反対、授業再開を望む学生の声もあり、いずれのストライキも、大きな事件には発展せずに解除されることになります。一方、全国に広がった学生運動は、ますます暴力をふくめた過激なものになっていき、警察の機動隊が学生のこもる建物に突入するという事件まで起きました。同時に、このような行き過ぎた活動は、一般学生の支持を得られず、大学を拠点とした学生運動は急速に下火になっていきました。

学生自治のもう一つのシンボルであった学園祭は、その後も、多くの学生やさらには地域住民なども巻き込んで規模を拡大し、現在も様々な学校で開かれています。三田祭は、毎年、統一のテーマが掲《かか》げられていましたが、学生運動の激しい時期には、「激動する現代と主張する学生」というテーマのもとに学生運動を色濃く反映したものとなっていました。その後も、三田祭は、公式グッズの制作販売や、環境対策を意識した取り組み、参加学生の自由な表現を尊重するため統一テーマを廃止するなど、時代に応じて変化をしながら、参加団体約四百二十、来場者約二十万人という日本最大級の学園祭として今日に至っています。また三田キャンパス以外でも、湘南藤沢キャンパスでは七夕祭、秋祭、理工学部のある矢上キャンパスでは矢上祭、医学部の信濃町キャンパスでは四谷祭、薬学部の芝共立キャンパスでは芝共薬祭と、それぞれのキャンパスで塾生主体の個性的な学園祭が開かれています。

大雪《たいせつ》

言葉の通り、雪が盛んに降り出す季節です。降雪量の多い北国などでは、雪が降る日が続くようになります。積雪の多い地域では、雪の重みで木の枝が折れないように雪吊《ゆきつ》りをします。幹の近くに高い柱を立て、その先から傘を少し開いたように縄を張ります。金沢兼六園の雪吊りは、冬の風物詩です。

二　赤穂《あこう》義士と長沼事件

元禄十五年十二月十四日（新暦に直すと一七〇三年一月三十日）の深夜、江戸の町を騒がす一大事件が起こりました。元赤穂藩《はん》の武士四十七人が吉良上野介義央《きらこうずけのすけよしひさ》の屋敷《やしき》に討ち入り、吉良とその家人を殺害したのです。事の始まりは、一年半以上前にさかのぼります。江戸城の松之廊下《まつのろうか》で当時の赤穂藩主浅野内匠頭長矩《たくみのかみながのり》が吉良に対して怒りを覚え、刀を抜いて切りつけたのです。吉良の命に別状はありませんでしたが、浅野は殿中《でんちゅう》での刃傷《にんじょう》事件の責任をとらされて、その日のうちに切腹を命じられ、赤穂浅野家はお家断絶と決まりました。喧嘩両成敗《けんかりょうせいばい》が習わしであった時代に一方的な処罰を受けたことに、家老の大石内蔵助良雄《くらのすけよしたか》ら赤穂藩士は不満を持ち、御家《おいえ》再興《さいこう》を目指しました。しかし、それが絶望的となったことから、吉良への仇討《あだう》ちを決め、その機会をうかがっていたのでした。討ち入りを果たした元赤穂藩士たちは、江戸の町を行進し、吉良の首を高輪泉岳寺の主君の墓前に供えました。翌年二月、大石たちには切腹の処罰が下されましたが、世間はその行為を武士のかがみと称《たた》え、赤穂義士と呼ぶようになりました。この事件は、人形浄瑠璃《じょうるり》や歌舞伎《かぶき》の人気の題材となり、その集大成とも言うべき演目『仮名手本忠《ちゅう》臣蔵《しんぐら》』から、「忠臣蔵」の名で親しまれています。「忠臣蔵」は、今日でもその人気に衰《おとろ》えを知らず、討ち入りの日の十二月十四日には赤穂市と、四十七士の眠る泉岳寺で義士祭が開かれて、多くの人が詰めかけています。また、テレビや映画で度々上演され、年の瀬の風物詩ともなっています。

誠忠の義士本望を遂げる図
（大石神社）

福澤諭吉は、人々が褒《ほ》め称える、この赤穂義士の討ち

浅野内匠頭と四十七士の眠る泉岳寺

入りを批判したのでした。福澤は、『学問のすゝめ』六編で、「国法の貴きを論ず」と題して、国民は固く法を守り、法によって保護を受けることの大切さを説いています。「たとひ親の敵《かたき》は目の前に徘徊《はいかい》するも、私《わたくし》にこれを殺すの理なし」と書き、罪人に刑罰を与えるのは政府の仕事であるとしています。そこで、赤穂義士の例を出して、主人（浅野）と吉良に対する裁判が不当だと思うならば、それを政府に訴《うった》え続けるのが真の義士で、国法の重要なことを考えずに吉良を殺したのは、国民として果たすべきことを間違っていると指摘《してき》しました。これを「赤穂不義士論」といいます。

福澤の言いたかったこと自体は、何も騒《さわ》ぎ立てるようなことではありませんでしたが、話題が、「赤穂不義士論」に及んだことで、「楠公権助論《なんこうごんすけろん》」と合わせて、福澤は各方面から激しい反感を招くことになりました。楠公とは、南北朝時代に南朝側について戦った楠木正成《くすのきまさしげ》のことです。福澤は、続く七編「国民の職分を論ず」の中で、忠臣が主君のために多くの敵を倒して討ち死にするのは、権助（商家の使用人）が使いのお金をなくして、主人に詫《わ》びるために命を落とすことと、事の軽重では変わりがなく、何ら世の中のためになっていないと書きました。これが「楠公権助論」と言われるものです。名前こそ出しませんでしたが、忠臣として人気の高い楠木のことを言っていると誰もが想像できる書き方だったため、楠木を権助と同等にするとは何事かと、不満の声が挙がったのでした。

　新聞雑誌は福澤の記述を不当であると書きたて、様々な角度から赤穂義士を弁護する論文も出されました。福澤のもとには、脅迫状《きょうはくじょう》が送りつけられ、身の危険さえ感じるようになったといいます。そこで、周囲の人の勧めもあって、福澤は慶應義塾五九楼仙万《ごくろうせんばん》という一風変わった名前を使って、「学問のすゝめの評」という五千字ほどにもなる長文の弁明《べんめい》を新聞各紙に発表しました。その内容は、忠臣義士の尊いところはその志にあり、当時としては立派といえるやり方であったが、明治の今日に、その形だけまねるのは間違いで、先人の志に学びつつも、今日に合ったやり方をすべきである、というようなものでした。この発表を受けて、ようやく世の中の騒ぎも収まりました。話が本来伝えたいことを超えて、「赤穂不義士論」や「楠公権助論」にまで発展したのは、福澤の言いすぎた面があったかもしれませんが、あえて当たり障《さわ》りの強いことを言うところが福澤らしさともいえます。

一方、『学問のすゝめ』七編には、思わぬブームを巻き起こした一文もありました。福澤は、楠木の話に続けて、命をかけて人民の権利を主張し、政府に迫った例は、「古来ただ一人、佐倉宗五郎《さくらそうごろう》あるのみ」と書きました。宗五郎は、本名を木内惣五郎《そうごろう》といい、江戸時代前期の佐倉藩公津村《こうづ》（現在の千葉県成田市）の名主でした。藩主の重税に苦しむ村民のために徳川将軍に直訴《じきそ》し、本人と家族はその罪で処刑されましたが、訴えは聞き入れられて多くの村民を救ったという言い伝えで知られています。『学問のすゝめ』の影響で、佐倉宗五郎は、自由民権運動の元祖と言われ、宗五郎をまつる地元の宗吾霊堂《そうごれいどう》は新築され、記念碑も建てられたといいます。

その七編が発行された年（明治七年）の暮れ、十二月十五日、福澤は公津村のすぐ近く、長沼村（現在の千葉県成田市）に住む農民、小川武平《ぶへい》の訪問を受けました。長沼村は貧しい村で、目の前の長沼で魚を獲《と》って生活を支えていましたが、その沼が周りの村との紛争をきっかけとして国に取り上げられてしまいました。長沼村の村民は、これを何とか自分たちの村に戻してもらいたいと、繰《く》り返し役人に願い出ますが、上手くいきません。ある日、『学問のすゝめ』（七編かどうかは定かではありません）を読んだ小川は、こういう本を書く先生ならば助けてくれるかもしれないと、福澤を頼ったのでした。話を聞いた福澤は、快く協力することを申し出、村民に代わって何通もの願書を書き、千葉県令（現在の県知事）と会うなど、長沼村のために力を貸しました。その結果、長沼は国から長沼村に貸し渡すことになり、一応の決着をみました。しかし福澤は、沼の所有を取り戻すまでは満足してはならないと村民を励《はげ》ましました。福澤は、この間、一銭の報酬《ほうしゅう》も受け取らず、かえって村に小学校を建てて教育を盛んにするようにと、お金を寄付し、これによって県で二番目の小学校、長沼小学校が建てられました。福澤は、自分のことを後回しにして村のために活動した小川を「第二の佐倉宗五郎」と言って、褒《ほ》め称《たた》えました。

そしてついに福澤の晩年になって、長沼は国から長沼村へ無償《むしょう》で下げ戻されることになりました。福澤がこの長沼事件に関係してから、実に二十五年の歳月が過ぎていました。

長沼下戻記念碑（左）ほか記念碑

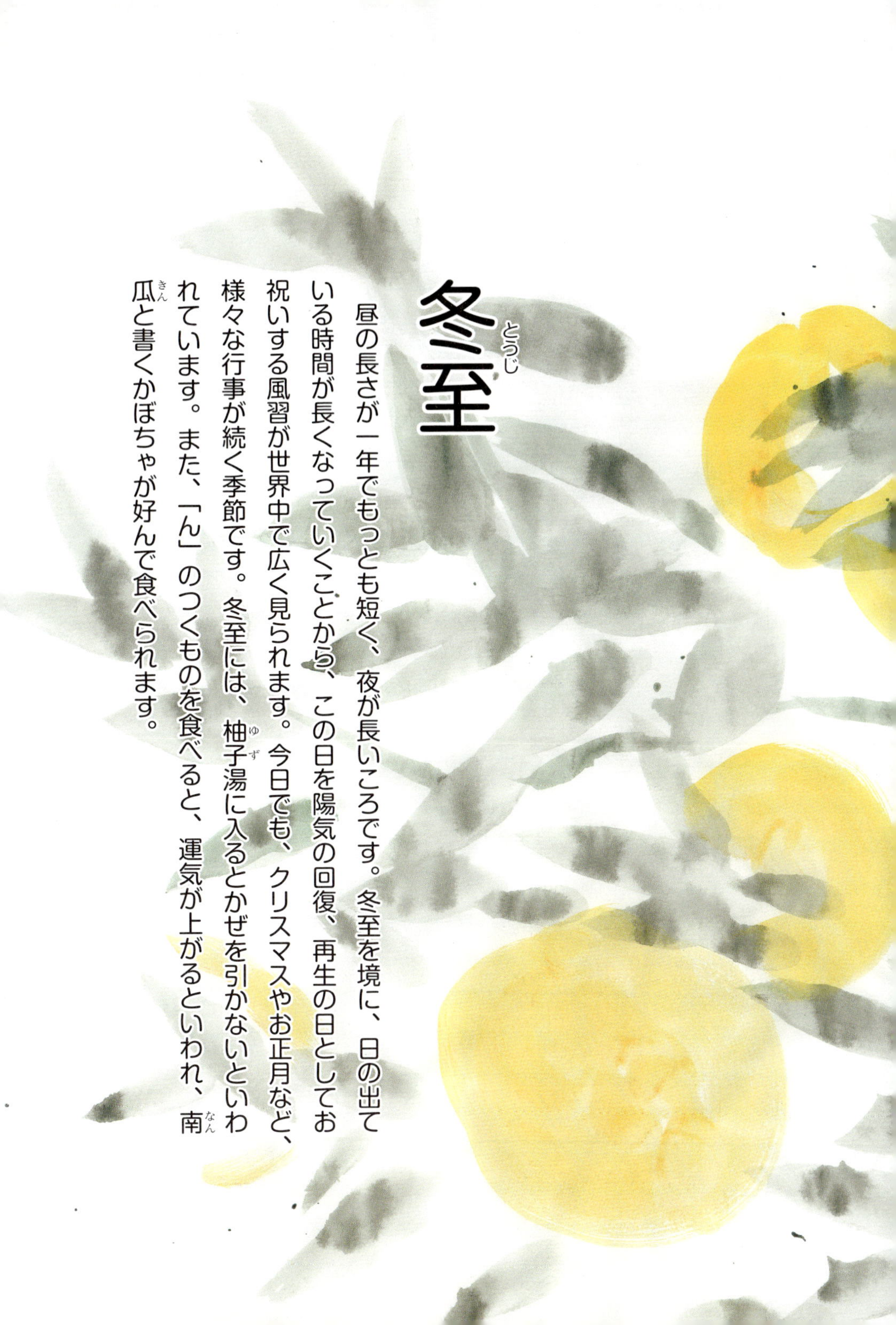

冬至《とうじ》

昼の長さが一年でもっとも短く、夜が長いころです。冬至を境に、日の出ている時間が長くなっていくことから、この日を陽気の回復、再生の日としてお祝いする風習が世界中で広く見られます。今日でも、クリスマスやお正月など、様々な行事が続く季節です。冬至には、柚子《ゆず》湯に入るとかぜを引かないといわれています。また、「ん」のつくものを食べると、運気が上がるといわれ、南《なん》瓜《きん》と書くかぼちゃが好んで食べられます。

二一　改暦《かいれき》

明治政府が、その年の終わりに改暦することを発表したのは、明治五（一八七二）年十一月九日のことでした。改暦とは、毎年の暦《こよみ》を作成するための方法をこれまでとは改めることをいいます。それまで、日本では細かい改暦はあるものの、千二百年もの間、太陰太陽暦《たいいんたいようれき》が用いられてきました。太陰暦では、月の満ち欠けを基準に暦を決め、その月の真ん中で満月となり、月の終わりに新月となる周期を繰《く》り返します。夜の月明りで日付が分かり、潮の満ち引きともつながっているために海岸に住む人々には便利でした。ところが月の満ち欠けの周期は二十九日半のため、一年で太陽暦と十一日の差ができてしまいます。そこで三年に一回ほどの割合で閏月《うるうづき》を設け、このずれを直します。つまり、その年は十三ヵ月になるのです。これが太陰太陽暦です。この暦の難点は、一年の長さが年によって大きく変わり、月日と季節が一致しないことです。今の私たちは○月△日といえば、毎年似たような気候を想像しますが、太陰暦ではそうはいきません。その代わりに季節を表す二十四節気が考えられました。田植えなどの農作業は、月日ではなく季節と合った二十四節気で決めていたのです。文明開化を推し進める明治政府にとっては、これまでの太陰太陽暦（旧暦）をやめて欧米各国が採用している太陽暦（新暦）に改めることは、廃《はい》藩置県《はんちけん》や学制などとともに、この時期に絶対やらねばならぬことでした。こうして改暦とともに、この年の十二月三日が翌明治六（一八七三）年一月一日になりました。

この、「時の改革《かいかく》」ともいうべき改暦を主導したのは、当時、政府にあってさまざまな改革を進めていた大隈重信《おおくましげのぶ》でした。大隈が急な改暦を進めたのには理由がありました。当時、できたばかりの新政府は、まだ十分なお金がなく、政府で働く公務員への月給の支払いもたいへんでした。その上、間もなく迎える明治六年は、丁度、閏月のある年で、月給を一回余計に支払わなければなりません。改暦を実施することでこれを回避《かいひ》し、さらに、わずか二日間となった明治五年十二月分の月給支払いもなくしてしまったのです。

しかし、発表から二十三日後の改暦実施は、あまりに急でした。今日では、機械やコンピューターに組み込まれているカレンダーを全面的に見直さねば様々なところでトラブルが発生するため、とても二十三日では改暦の対応はできないでしょう。当時も、頒暦《はんれき》商社と呼ばれる、今でいえばカレンダー販売会社がすでに翌年の暦を刷っていて、使えなくなった暦が売れ残り、大損害をこうむったといいます。また、太陰暦での生活に慣れてきた多くの国民の目には、新暦は、奇妙なものに映りました。例えば月の終わりの晦日《みそか》に月が出るなんてことは、これまでの暦では、あり得なかったことなのです。万一、今の時代に突然、太陰暦に戻しますといわれたら、大騒《さわ》ぎになるでしょう。それと同じようなことが明治五年に起きたわけです。その上、政府からの説明が簡単すぎたため、新暦の評判は、すこぶる悪かったようです。

福澤諭吉は、改暦には賛成でしたが、政府のそのような説明では、国民に、その良さもふくめて理解されないのではないかと心配しました。そこで、風邪《かぜ》を引いていたにも関わらず、改暦の目的や新暦の説明などを、寝床の中で一気に書き上げ、『改暦弁』という本にして発行しました。福澤は、多くの人にとって分かりづらいことを、誰にでも分かりやすいように説明することが得意でしたから、『改暦弁』は、暦の仕組みさえも分からないという人々にとっては、最適な解説書になりました。例えば、地球の自転と公転は、独楽《こま》が回りながら行燈《あんどん》（火で照らす室内のあかり）の周囲を回るようなものと説明しています。そして、旧暦に比べて新暦がいかに便利であるかを説いた上で、十二月三日が突然、元日になったからといって、少しも怪《あや》しむ必要はなく、日ごろ学問を心がけている人ならば、これを理解するだろうと書いています。

　さらに福澤は、西洋から伝わってきた「時」に関係する三つの事柄について説明を加えています。一つ目は、

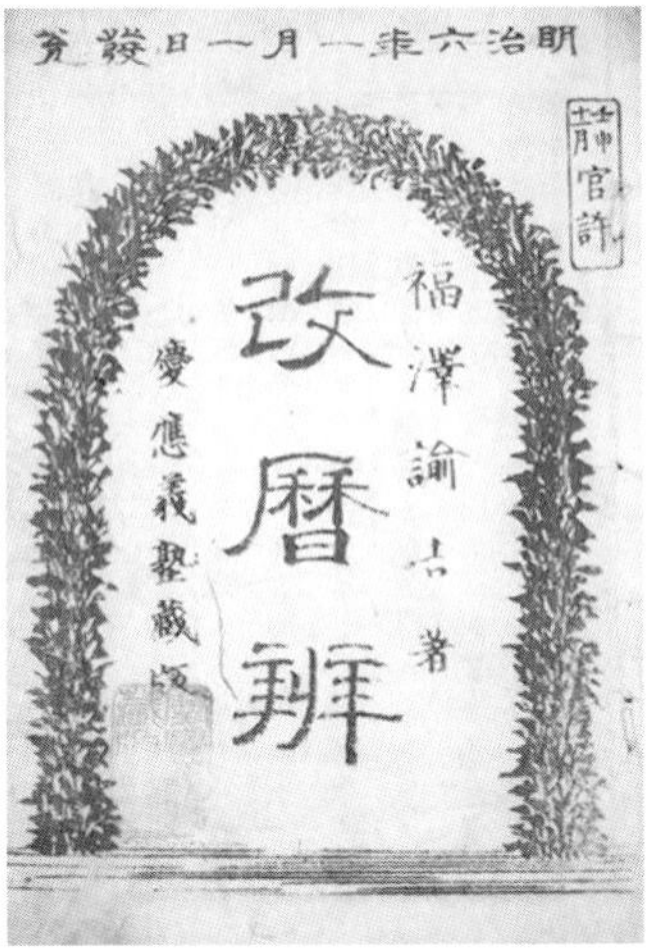

『改暦弁』初版本
（慶應義塾横浜初等部）

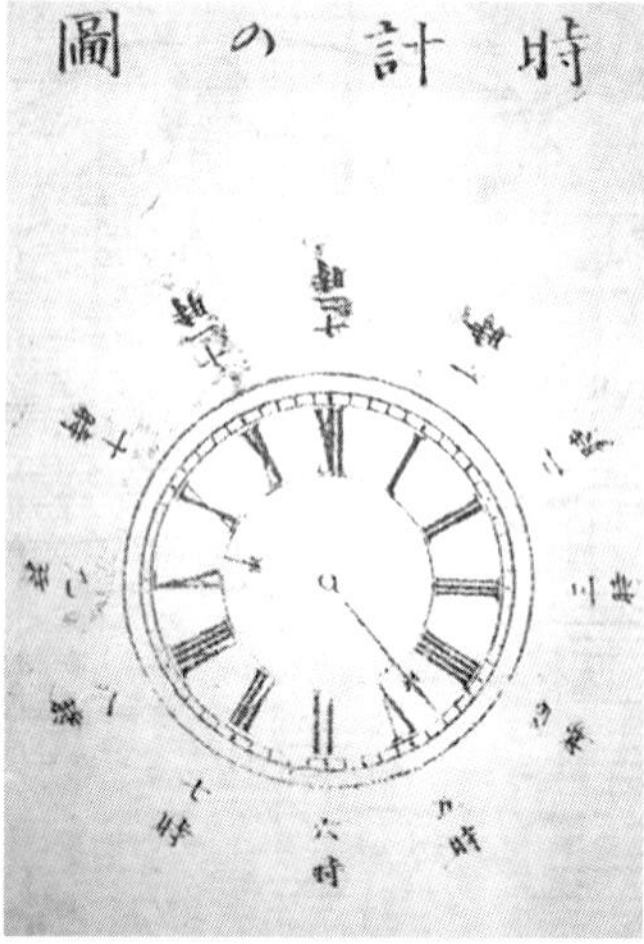

「時計の図」(『改暦弁』より)

「西洋にては一七日《ひとなのか》を一ウヰークと名づけ、世間日用の事、大抵《たいてい》一ウヰークにて勘定せり」、「サンデーは休日にて、商売も勤めも何事も休息する」と、一週間と曜日の紹介をしています。日本にも古く中国から曜日の考え方は伝わっていましたが、日常生活に使われてはいませんでした。次に、「一年は十二に分かち、十二ヵ月とす。その名と日の数、左のごとし」として、一年の月の名前と日数のことを述べています。そして三つ目に改暦と同時に変えられた時刻法についても、時計の見方を例にして説明しています。一度も時計を見たことがない人に、その見方を説明するのですから、簡単なことではありません。福澤は、「一分時を六十に分けて一「セカンド」という。一「セカンド」はたいてい脈の一動に同じ」や、「正午または夜半十二時を本とし、この時には短針も長針も正しく重なり合って十二時の所を指す」というように、一つひとつ丁寧に説明を続けます。

「まず短針の指す所を見て次に長針の居所を見るべし」とは、今日の小学生が時計の見方を学習する要領と変わりがありません。

福澤の書いた『改暦弁』は、福澤自身が驚《おどろ》くほどの売れ行きを示し、例えば浜松県（現在の静岡県西部）では、『改暦弁』を五百部取り寄せて、村々に配布したという記録も残っています。

今日では、新暦がすっかり定着していますが、一部には改暦の時に解決できなかった不具合が残っています。一つは、旧暦で表された季節とのずれです。新暦の一月七日には春の七草はなく、ひな祭りは桃の節句といいますが桃の花が咲く季節ではなくなりました。七夕は梅雨空で織姫と彦星が見られないことが多くなりました。もう一つは、改暦前の旧暦時代の日付がそのままになってしまったことです。例えば赤穂義士の討ち入り日として知られる十二月十四日は新暦の一月三十日に当たります。そう聞けば、江戸の町に雪が積もっていたのも理解できるでしょう。福澤が生まれたのは旧暦では十二月十二日、新暦では一月十日です。これらの話は、それぞれの節気の項を読んでください。

小寒《しょうかん》

寒さの厳しい季節がやってきました。小寒から節分までを「寒」といい、小寒は寒のはじまりなので、寒の入りと言われます。この季節に「せり、栄《さか》う」という言葉があります。春の七草の一つ、せりがすくすく成長する時期です。一月七日には、今年の健康を願って、春の七草が入った七草粥《ななくさがゆ》を食べる習わしがあります。

二三　福澤諭吉誕生日

福澤諭吉は、天保《てんぽう》五年十二月十二日の夜、大坂の堂島玉江橋北詰《どうじまたまえばしきたづめ》にあった中津藩《はん》の蔵屋敷《くらやしき》で生まれました。大坂は、今の大阪市です。当時の大坂は、商業が盛んなことから「天下の台所」と呼ばれ、全国の諸藩から米や特産品が集まっていました。こうした米や特産品を貯蔵するための倉庫となり、これらを売ってお金に替える取引所となったのが蔵屋敷です。大量の荷物は、船によって運ばれましたので、大坂を流れる淀川が中之島をはさんで北に堂島川、南に土佐堀川となる一帯は、諸藩の蔵屋敷が立ち並んでいました。中津藩の蔵屋敷は、その堂島川に架《か》かる玉江橋の北側にありました。福澤諭吉の父百助《ひゃくすけ》は、その蔵屋敷で、米を売ったり、有力な商人からお金を借りたりする仕事をしていました。

百助は、本を買っては時間のある時に読むのが趣味で、持っている本は千五百冊にもなったといいます。その百助が、丁度、子どもが生まれた日に、長年、欲しくてたまらなかった中国の法律の本『上《じょう》諭《ゆ》條例《じょうれい》』を手に入れることができたのです。百助は、子どもが誕生したことと、欲しかった本を得たことの二重の喜びの中で、『上諭條例』の書名から「諭」の一字をとって、生まれてきた男の子を諭吉と名付けたのでした。百助とその妻の順には、五人の子どもがいました。長男の三之助、その下に礼、婉《えん》、鐘《かね》の三人の女の子、そして末っ子が諭吉です。百助は武士の身分ではありましたが、武士の中にも身分の差があり、下級武士の家柄でした。どんなに一所懸命に働いても出世は望めず、五人の子どもを抱えての生活は、苦しいものがありました。その上、百助は読

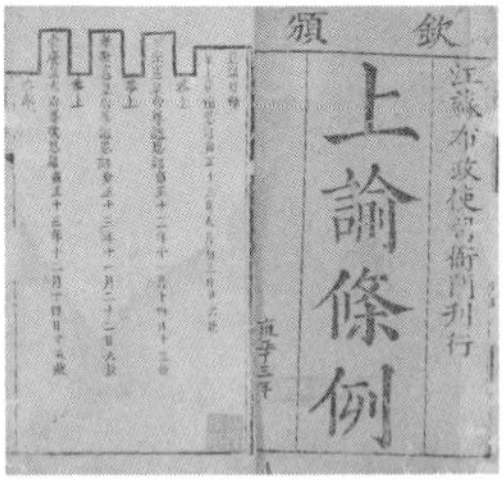

『上諭條例』（慶應義塾図書館）

書好きで米や塩までも節約して本の購入代金にあてていたといいますから、順は家計のやりくりにたいへんだったことでしょう。

しかし、百助の集めた千五百冊もの本は、後年、福澤家と福澤諭吉を助けることになりました。福澤が、福澤家の抱えた借金を整理する時に、この百助の蔵書を臼《うす》杵《き》藩にまとめて買い取ってもらうことで、その代金を借金返済にあてることができたのです。今日も、その一部は臼杵図書館に保存され、諭吉の名のもとになった『上諭條例』は、現在、全六十四冊のうち一冊欠けた状態で慶應義塾が所蔵しています。

さて、福澤は大坂で生まれたものの、物心がつく前にその大坂を離れることになりました。福澤が生まれてわずか一年半ほどで、父百助が亡くなったからです。順は五人の子どもを連れて中津に戻りましたが、福澤家は大坂での暮らしが長かったため、言葉や服装、髪型《かみがた》などどれもが大坂風でした。福澤は、中津の人々から奇異の目で見られ、なかなか中津に馴染《なじ》めなかったそうです。

それから二十年ほどして、福澤は遊学先の長崎から大坂へと旅立ちました。大坂に着いた福澤が向かったのは、兄三之助がいる中津藩の蔵屋敷、福澤の生まれた所です。赤ん坊だった福澤に記憶はなくても、乳を飲ませた人、おもりをした人など、福澤を知っている人はたくさんいました。福澤は、その時の気持ちを「わたしはどうも旅とは思われぬ、真実故郷に帰ったとおりで誠にいい心持ち」と『福翁《ふくおう》自伝《じでん》』に書いています。

　福澤の生まれた中津藩蔵屋敷の場所は、現在の住所でいうと大阪市福島区福島に当たります。その後、この地は、学校になったり、病院になったりと姿を変えてきましたが、福澤の生まれた場所であることは語り伝えられてきました。福澤が亡くなってほどなく、この場所に誕生を記念した碑《ひ》を建てようという計画が持ち上がりました。記念碑の建設予定地には、福澤の四女志立滝《しだちたき》によって松が植えられましたが、この松は火災によって失われ、その後も記念碑の建設はなかなか実現しませんでした。そしてようやく、昭和四（一九二九）年になって、高さ三メートルの銅製円筒形の記念碑が建てられました。「福澤

旧誕生地記念碑
（慶應義塾福澤研究センター）

先生誕生地」と刻まれた題字は、慶應義塾出身で、書道家としても知られ、後に総理大臣となる犬養毅《いぬかいつよし》によるものでした。ところが、この記念碑は、日中戦争、太平洋戦争の折、物資不足の中で全国の銅像や記念碑が壊《こわ》され、金属を供出することになったあおりを受けて、撤去《てっきょ》されてしまいます。

福澤諭吉誕生の地の碑

碑が再建されたのは、戦後の昭和二十九（一九五四）年のことです。再建計画は、大阪慶應倶楽部《くらぶ》が進めましたが、当時の土地の所有者であった大阪大学附属病院に説明すると、当初のデザインがお墓のような形であったため、病院の前にお墓があるのはいかがなものかと、反対を受けました。そして、大阪大学側に設計が一任され、裏の病院側から見ると鳩《はと》の形をした独特な記念碑が完成したのです。記念碑に書かれた「福澤諭吉誕生地」は、元塾長小泉信三の題字で、かたわらの石板にある碑文の文章は、元塾長代理の高橋誠一郎によるものです。誕生地には、さらに福澤諭吉生誕百五十年を記念して、当時の塾長石川忠雄の筆による「学問ノス、メ」記念碑も建てられています。

さて、冒頭に福澤の誕生した日を十二月十二日と書きました。これは月の満ち欠けをもとにした暦《こよみ》によるものです。明治になって新政府は、これまで使っていた、この暦（旧暦）を西欧諸国と同じ現在の暦（新暦）に改めました（詳《くわ》しくは「二二改暦」の章を見てください）。天保五年十二月十二日は、新暦に直すと、一八三五年一月十日になるのです。福澤が亡くなった後、福澤家では新暦に基づいて一月十日に家族が集まる会を催《もよお》すようになりました。慶應義塾もこれに倣《なら》って、この日を「福澤先生誕生日」と定め、誕生記念会が開かれるようになったのです。今日でも、一月十日の福澤諭吉誕生日には、福澤に関する記念講演が行われ、研究資料が展示されています。

大寒《だいかん》

言葉の通り、寒気厳しく、最も寒さがつのるころです。季節の分かれ目を節分といい、もとは四季それぞれにありましたが、今は立春の前の日を指すようになっています。「鬼は外、福は内」と言いながら豆まきをするのは、家の中の悪い空気を追い出して福を招き入れ、新しい春を迎えるための行事です。

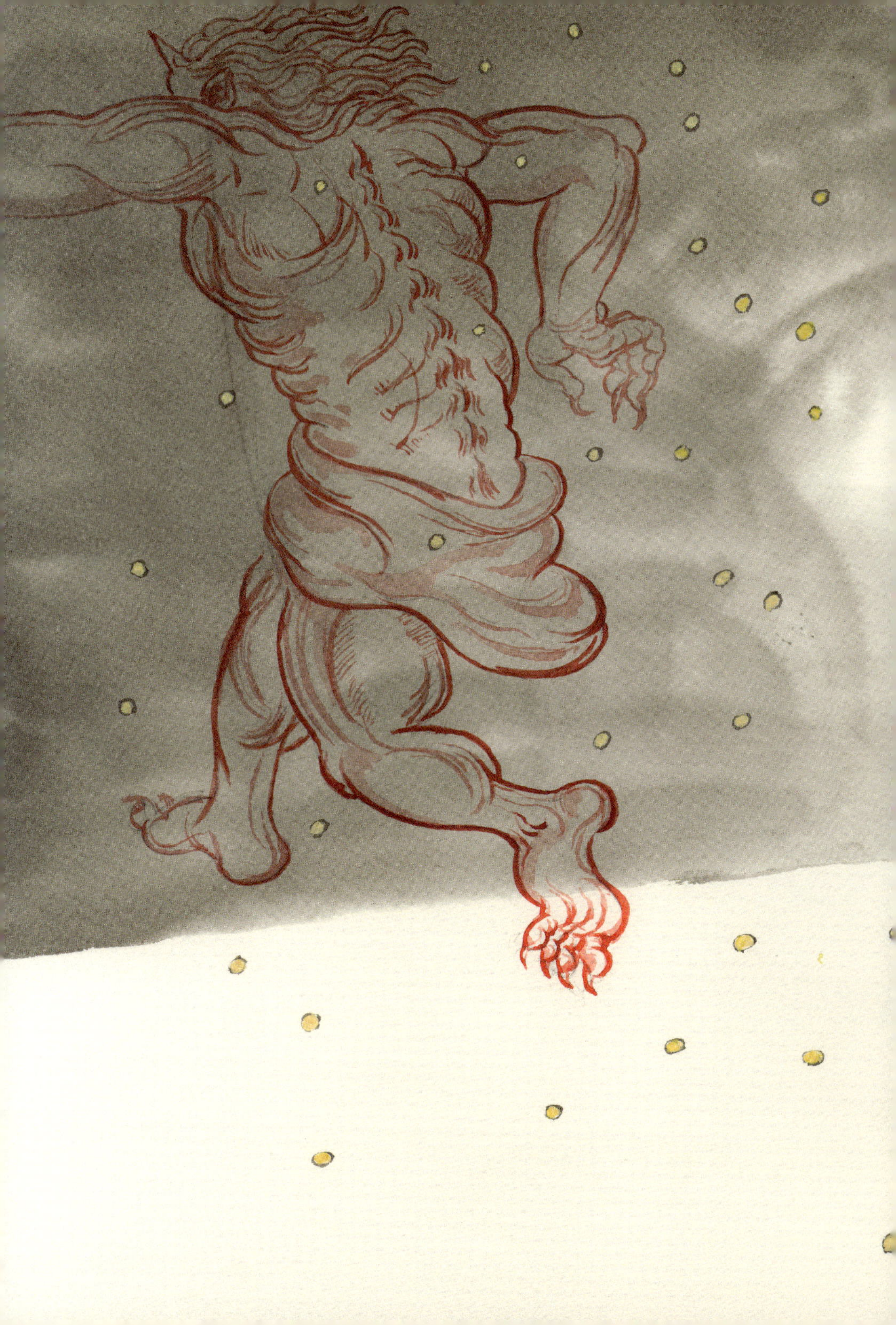

二四　福澤諭吉命日

福澤諭吉は、晩年、脳溢血《のういっけつ》という脳の血管が切れて出血する重い病気のために二度意識を失い、倒れています。一度目（明治三十一年九月）は、危篤《きとく》の状態から奇跡的な回復をしました。倒れてから一年ほどすると、疲れた様子もなく一里（約四キロメートル）くらいの散歩をしたり、汽車で横浜に行ったり、一日芝居を観に行ったりと、すっかり元気を取り戻しました。食べ物の好みは病気の後から一変し、肉類は全く食べなくなり、医者から栄養不足を補うためにと勧められて、毎日いやいやながら牛乳を二合（約三六〇ミリリットル）ほど飲んでいたそうです。筆で書を書くこともできるようになりましたが、病気の後の作品と分かるように「明治卅弐《さんじゅうに》年後之福翁」という印を押すようになりました。福澤の言葉として有名な「独立自尊」は、この一度目の病気の後に、使われるようになったものです。

明治三十四（一九〇一）年一月一日は新しい世紀（二十世紀）の始まりの日でした。慶應義塾では、その前日の大晦日《おおみそか》の夜から、世紀送迎会という祝いの会が開かれましたが、福澤もこれに出席し、その席で「独立自尊迎新世紀」と書いた書を一同に披露《ひろう》し、出席者と談笑するまでになっていました。

一月二十五日の昼すぎには、木村芥舟《かいしゅう》

「独立自尊迎新世紀」（福澤諭吉筆）
（慶應義塾福澤研究センター）

福澤諭吉終焉の地碑

が福澤の家を訪ねてきました。木村は、福澤の頼みを聞き入れて、福澤を従者としてアメリカに連れて行ってくれた咸臨丸《かんりんまる》の軍艦奉行《ぐんかんぶぎょう》、摂津守喜毅《せっつのかみよしたけ》です。以来、福澤は木村のことを生涯の恩人と言い、二人の交遊は続いていました。木村は、昔話に花を咲かせ、また福澤の病後の様子を聞いて、その回復ぶりに安心し、まさかこれが一生の別れになるなど夢にも思わず、福澤の家をあとにしました。その後も、福澤は、何事もなく来客に会い、さらに三田の自宅と広尾の別邸《べってい》（現在、幼稚舎のあるところ）の間を散歩で往復し、夕食も済ませました。ところが、そろそろ寝る時刻という時になって、福澤の左足の感覚が急に鈍り、歩くことが不自由になりました。次第に、言葉もはっきりしなくなり、いよいよ医者を呼ぶ状態となりました。脳溢血が再発したのです。福澤が倒れたという知らせを聞いて、その翌日から八日間に約千三百人の見舞客が訪れ、見舞いの手紙や電報は三百通以上になったといいますが、福澤の病状は日に日に悪化し、ついに意識を回復することなく、二月三日、福澤は三田の自宅で永眠《えいみん》しました。六十六歳（数え年では六十八歳）でした。

　葬儀《そうぎ》は、五日後の二月八日に行われました。福澤を慕《した》う学生たちからは、

「力持ちの三十人を選んで先生の棺《ひつぎ》をかつぎたい。」

という申し入れがありました。棺はとても重く、素人《しろうと》が長い道のりをかつげるものではありません。万一のことでもあったら一大事です。そこで、福澤からも学生からも信頼の厚かった日原昌造《ひのはらしょうぞう》が学生たちを説得しました。

「君たちの肩には棺以上にかつぐべき重いものがある。それは福澤の遺《のこ》した慶應義塾そのものをかつぐことである。慶應義塾の将来はぜひ君たちの双肩《そうけん》に、担《にな》ってもらわねばならない。」

この言葉を聞いて、学生たちもようやく落ち着きを取り戻したそうです。

慶應義塾を出発する葬列
（慶應義塾福澤研究センター）

　葬儀当日、空はきれいに晴れ渡り、前日に降り積もった雪も午後には、ほぼ乾《かわ》きました。三田の慶應義塾正門（当時は、現在幻《まぼろし》の門と言われている東側）を出発した福澤の棺を囲む列は、普通部生徒、幼稚舎生徒、商業学

晩年の福澤諭吉と錦夫妻（1900年5月）
（慶應義塾福澤研究センター）

校生徒、大学部学生、さらに僧侶《そうりょ》、慶應義塾出身の塾員（卒業生）、福澤の家族と長々と続き、その数は一万五千人にも及んだといいます。沿道も、福澤を見送る人々で埋《う》め尽《つ》くされました。福澤は、女性の地位向上にも力を尽くした人でしたので、福澤を尊敬し、影響《えいきょう》を受けた一般女性も多数参列し、お悔《く》やみの手紙が寄せられました。

葬列は、福澤家の菩提寺《ぼだいじ》である麻布の善福寺《ぜんぷくじ》に向かい、ここで葬儀が執《と》り行われました。さらに福澤の棺は荏原郡《えばらぐん》大崎村（現在の東京都品川区上大崎）に移動し、本願寺に埋葬《まいそう》されました。福澤の戒名《かいみょう》は、「大観院独立自尊居士《こじ》」といいます。これは、福澤が最初に脳溢血で倒れ、ほとんど絶望的と思われた時に、福澤の弟子であり慶應義塾の塾長も務めた小幡篤次郎《おばたとくじろう》が、何人かの人と相談をしながら福澤にふさわしい戒名ということで選んだものです。また、福澤は、諭吉と同じ読みになる「雪池」を一時期、自分の印として使っていました。そこで、命日のことを指す

「忌《き》」とあわせて、二月三日を雪池忌《ゆきちき》ともいいます。

本願寺の墓地は、福澤が生前、散歩中に静かで眺《なが》めのよい場所であることを気に入り、自らの埋葬地として定めていた所でした。この墓地は、のち常光寺という寺に引き継がれます。そして、さらに後年になって様々な不都合が生じたために、福澤の墓は、福澤家によって移転が検討され、麻布の善福寺に移されることになりました。昭和五十二（一九七七）年のことです。福澤の遺骨は、善福寺に改葬され、墓碑《ぼひ》もそのまま移されました。そして、常光寺のかつての埋葬地には、「福澤諭吉先生永眠の地」の記念碑が建立されました。

本当かどうかは分かりませんが、高校生や大学生の間では、進級や卒業が危うい人が、福澤の命日に墓参りに行くと、無事に進級、卒業できるという言い伝えがあるようです。現在も、福澤の命日である二月三日には、塾生やその家族、塾員、教職員など多くの人が善福寺を訪れ、福澤の墓前に手を合わせています。

福澤諭吉と慶應義塾の歩み（年表）

＊福澤諭吉の年齢は満年齢とした。
＊「歩み」に記載の数字は、月、または月・日を表す。
＊本文に関連する出来事の中でも主要なものを太字にした。
＊年表作成に当たっては別掲の参考文献のほか『創立百二十五年　慶應義塾年表』（慶應義塾福澤研究センター編、一九八五年）を参考にした。

西暦	年号	福澤の年齢	歩み	世の中の出来事	関連する章
一八三四	天保五	○	12・12 **大坂に生まれる。（西暦では一八三五年一月十日）**		一三
一八三六	天保七	一	6・18 父百助が亡くなる。母、兄、姉とともに中津に帰る。		一三
一八三八	天保九	三		緒方洪庵が適塾を開く	一二
一八五三	嘉永六	一八		ペリーが浦賀に来航	
一八五四	嘉永七	一九	2 蘭学を志し、長崎に行く。		

一八五五	安政二	二〇	**3・9 大坂で緒方洪庵の適塾に入門する。**		一二
一八五六	安政三	二一	9・3 兄三之助が亡くなる。中津に帰り福澤家の当主となる。	吉田松陰が松下村塾を開く	一二
			11 再び大坂に出て、緒方洪庵の食客生として適塾に戻る。		一二
一八五七	安政四	二二	適塾の塾長となる。		
一八五八	安政五	二三	**10 江戸に出て蘭学塾を開く（後の慶應義塾）。**	日米修好通商条約調印	六、一二
一八五九	安政六	二四	横浜見物を機に英学への転向を決意する。		
一八六〇	万延元	二五	**1・19 咸臨丸に乗船し浦賀港を出航する。**		二
			2・26 サンフランシスコに到着する。	桜田門外の変	二
			5・7 品川に帰港する。		二
一八六一	文久元	二六	錦と結婚する。		
一八六二	文久二	二七	1〜12 遣欧使節の通訳としてヨーロッパに渡る。	生麦事件	
一八六三	文久三	二八	6・10 緒方洪庵が亡くなる。		一二
			10・12 長男一太郎が生まれる。以後、福澤家には三男五女が生まれる。		
一八六四	元治元	二九	3〜6 中津に帰郷する。小幡篤次郎、甚三郎らを伴い江戸に戻る。	第一次長州征伐	

一八六六	慶應二	三一	12・6『西洋事情』を出版する。		
一八六七	慶應三	三二	1〜6 幕府の軍艦受取委員としてアメリカに渡る。	大政奉還 王政復古	
一八六八	慶應四（明治元）	三三	4 慶應義塾を芝新銭座に移転する。名称を慶應義塾とする。**「慶應義塾之記」を発表する。** **5・15 上野戦争の日も授業を続ける。**	鳥羽・伏見の戦い 勝海舟と西郷隆盛の会談 江戸城明け渡し	五、六、七 七 五 七
一八六九	明治二	三四	『世界国尽』を出版する。		
一八七〇	明治三	三五	5 発疹チフスに罹る。		
一八七一	明治四	三六	**3 慶應義塾を三田に移転する。** 10 一太郎、二男捨次郎に「ひゞのをしへ」を書き与える。	廃藩置県 咸臨丸沈没	六 二
一八七二	明治五	三七	**2『学問のすゝめ』初編を出版する。**	学制発布 **改暦**	一 二二
一八七三	明治六	三八	**1『改暦弁』を出版する。** 明六社が設立される。		二二 一〇
一八七四	明治七	三九	1 和田塾を開設する（後の幼稚舎）。 2『学問のすゝめ』六編を出版する。		一、一二

			3 同七編を出版する。		一、二二
			6・27 三田演説会を発足する。		一○
			12・15 長沼村の小川武平が福澤を訪問する。		二一
一八七五	明治八	四○	5・1 三田演説館を開館する。		一○
			8 『文明論之概略』を出版する。		
一八七六	明治九	四一	11 『学問のすゝめ』十七編を出版する。		一
一八七七	明治一○	四二		**西南戦争**	一六
				城山決戦(西郷自刃)	
一八八○	明治一三	四五	1・25 交詢社が発会される。『学問のすゝめ』初編から十七編までの小冊子を合わせて一冊の本(『合本学問のすゝめ』)にする。		一
一八八一	明治一四	四六		明治一四年の政変	
一八八二	明治一五	四七	3・1 『時事新報』を創刊する。		
一八八三	明治一六	四八	**6・12 一太郎、捨次郎がアメリカ留学に向け横浜を出航する。**		九
一八八五	明治一八	五○	「日本婦人論」、「日本婦人論　後編」を『時事新報』に連載する。		四
			学生がペンの徽章をつけ始める。		

一八八八	明治二一	五三	三田ベースボール倶楽部が結成される。		八
			6 一太郎、捨次郎がニューヨークを出発する。		九
			11・4 一太郎、捨次郎が帰国する。		九
一八八九	明治二二	五四		大日本帝国憲法発布	
一八九〇	明治二三	五五	1・11 慶應義塾に大学部を開設する。文学、理財（経済）、法律の三科を設ける。従来の課程を普通部と称する。	国会開設	
一八九二	明治二五	五七	5・15 慶應義塾に体育会を創設する。		八
一八九四	明治二七	五九	**2末〜3・15 中津に里帰りし、耶馬渓を訪れる。**	日清戦争	三
			4・30 耶馬渓の土地の買い取りを始める。		三
一八九五	明治二八	六〇		英国ナショナル・トラスト設立	三
一八九六	明治二九	六一	11・1 「慶應義塾の目的」を示す。		
一八九八	明治三一	六三	9・26 脳溢血で倒れるが、徐々に快復する。塾旗として、三色旗を制定する。		二四
一八九九	明治三二	六四	**4 「女大学評論」、「新女大学」を『時事新報』に連載する。**		四
			6 『福翁自伝』を出版する。		

一九〇〇	明治三三	六五	2・11	「修身要領」を脱稿する。		
			3・29	長沼村の無償下げ戻しが許可される。		二一
			12・31	世紀送迎会を開催する（翌日まで）。		二四
一九〇一	明治三四	六六	1・25	脳溢血で再び倒れる。		二四
			2・1	「明治十年丁丑公論」の連載を開始する。		一六
			2・3	**自宅で永眠する。**		二四
			2・8	葬儀が行われる。		二四
一九〇三	明治三六		**11・21**	**第一回早慶野球試合を行う。**		八
一九〇四	明治三七		**6・4**	**第二回早慶野球試合を行う。**	日露戦争	八
一九〇六	明治三九		11	早慶野球試合の中止を決定する。		八
一九〇九	明治四二		**4・23**	**最初の開校記念日を実施する。**		六
一九一二	明治四五（大正元）		**5・18**	**図書館が完成し、開館式を挙行する。**	護憲運動起こる	一八 一〇
一九一四	大正三				第一次世界大戦（〜一八）	
一九一五	大正四		**4・25**	**大講堂が完成する。**		一四
一九一七	大正六		4・16	医学科を開設する（学長北里柴三郎）。		
一九二〇	大正九		11・6	大学病院の開院式を行う。		

一九二三	大正一二		耶馬渓が国の名勝に指定	三
			関東大震災	一四、一八
一九二四	大正一三	6・13　小山内薫らが築地小劇場を創設する（5・20　旗揚げ宣言）。		一四
一九二五	大正一四	10・19　早慶野球試合を再開する。	ラジオ放送開始	八、一七
一九二六	大正一五（昭和元）	4　普通部の学科に手工科を加える。		一五
一九二七	昭和二	**10・20　「若き血」が完成する。**		一七
		11・3　普通部で第一回労作展覧会を開く。		一五
		11・6　早慶野球試合で「若き血」歌われる。		一七
一九二八	昭和三	秋の六大学野球リーグで十戦全勝の完全優勝を遂げる。		一七
		11・17　「丘の上」が発表される。		一九
一九二九	昭和四	11・26　誕生地碑の除幕式を挙行する。	世界恐慌	二三
一九三〇	昭和五	6・15　綱町グラウンドにプールが完成し、開場式を行う。		一一
一九三一	昭和六		満州事変	

西暦	和暦	月日	出来事	社会	ページ
一九三二	昭和七	5・9	創立七十五周年記念式典を挙行する。	五・一五事件	一〇
一九三四	昭和九	**5・1**	**日吉キャンパスが開校する。**		一九
一九三七	昭和一二			日中戦争（〜四五）	
一九三九	昭和一四	**7・8**	**藤原工業大学の入学式を挙行する。**	第二次世界大戦（〜四五）	五
		10	**小泉信三が『学府と学風』を出版する。**		一一
一九四一	昭和一六	1・10	今日の塾歌を制定する。	太平洋戦争（〜四五）	
一九四三	昭和一八	10・16	「最後の早慶戦」を行う。	学生の徴兵猶予撤廃	八
一九四四	昭和一九	3・10	日吉キャンパスについて海軍と賃貸契約を締結する。		一三
		8・5	藤原工業大学が慶應義塾の工学部になる。		五
		8・15	**日吉に地下壕の建設が始まる。**		一三
		9・29	連合艦隊司令部が日吉に移転する。		一三
一九四五	昭和二〇	5・25	三田地区が空襲を受ける。大講堂他が焼失する。	広島・長崎に原爆投下 ポツダム宣言受託	一三、一四
		9	普通部が天現寺の幼稚舎校舎に移転する。	玉音放送	一五
		9・8	日吉キャンパスが米軍に接収される。	国際連合設立	一三
		11・18	戦後初の早慶野球試合（オール早慶戦）を行う。		八

一九四六	昭和二一	**4・1**	**大学に女子の正式な入学を認める。**	日本国憲法公布	四
一九四七	昭和二二	3	最初の女子卒業生が生まれる。	教育基本法公布	四
		4・1	**中等部を開設、共学による教育を開始する。**		四
一九四八	昭和二三	4	幼稚舎が女子の入学に踏み切る。		四
		4・13	高等学校を発足する。		
		4・24	農業高等学校を開設する（後の志木高等学校）。		
一九四九	昭和二四	5・9	空襲で焼けた図書館の大改修を終え、閲覧を再開する。		一八
		5・16	**佐藤春夫が三田で「近代日本文学の展望」講演を実施する。**		一九
		10・1	日吉キャンパスが米軍から返還される。		一三
一九五〇	昭和二五	4・1	女子高等学校を開設する。		四
				耶馬渓が耶馬日田英彦山国定公園の一部に指定	三
一九五一	昭和二六			日米安全保障条約	
一九五二	昭和二七	9	普通部が日吉に移転する。		一五
一九五三	昭和二八			テレビ放送開始	

一九五四	昭和二九	11・4	誕生地碑を再建する。		二三
一九五七	昭和三二	4・1	大学に商学部を増設する。		
		5	大講堂の取り壊しを実施する。		一四
一九五八	昭和三三	6・28	幼稚舎にプールが完成する。		一一
		11・8	創立百年記念式典を挙行する。		二〇
		11・12〜16	義塾祭を開催する。		二〇
一九五九	昭和三四	**11・12〜15**	**第一回三田祭が開催される。**		二〇
一九六〇	昭和三五	2・1	日吉プールが完成する。		一一
一九六四	昭和三九			新幹線開業	
				東京オリンピック	一一
				鎌倉市民が乱開発に対し立ち上がる	三
一九六七	昭和四二	3・31	三田演説館が国の重要文化財に指定される。		一〇
一九六八	昭和四三	**7・4**	**日吉の銀杏並木の入口にバリケードが築かれる。**		二〇
		9〜10	三田の塾監局の建物が学生によって占拠される。		二〇
		11・8	図書館が国の重要文化財に指定される。		一八

一九七二	昭和四七		3・27 矢上台の工学部新校舎が完成する。	沖縄が日本に復帰	
一九七三	昭和四八			第一次石油危機	
一九七四	昭和四九		12・10 図書館ステンドグラスが復元される。		一八
一九七七	昭和五二		6・5 福澤の遺骨、善福寺に改葬される。		二四
一九八一	昭和五六		4・1 大学に理工学部を新設（工学部を改組）する。		五
一九八二	昭和五七		4・7 図書館新館を開館する。		一八
一九八五	昭和六〇		秋季六大学野球リーグで全勝優勝する。		一七
一九八九	平成元			ベルリンの壁崩壊	
一九九〇	平成二		4 湘南藤沢キャンパスを開設する。大学に総合政策学部、環境情報学部を増設する。ニューヨーク学院を開校する。		
一九九一	平成三			日本バブル崩壊	
一九九二	平成四		4 湘南藤沢中等部、高等部を開校する。		
一九九三	平成五			EU発足	
一九九七	平成九		日吉の銀杏並木が横浜市の「まちなみ景観賞」を受賞する。		一九

二〇〇一	平成一三	看護医療学部を増設する。		
二〇〇八	平成二〇	4　共立薬科大学との合併により薬学部を開設する。 8　日吉キャンパスに協生館が完成する。 11・8　創立百五十年記念式典を挙行する。		一一
二〇一一	平成二三		東日本大震災	
二〇一三	平成二五	4　横浜初等部を開校する。		

参考文献

本書を通して参考にした書籍

福澤諭吉著　富田正文校注『福翁自伝』慶應義塾大学出版会（二〇〇一年）
石河幹明『福澤諭吉伝　一〜四』岩波書店（一九三二年）
富田正文『考証福澤諭吉　上・下』岩波書店（一九九二年）
慶應義塾編『慶應義塾百年史　上・中（前）・中（後）・下』慶應義塾（一九五八〜六八年）
福沢諭吉事典編集委員会『福沢諭吉事典』慶應義塾（二〇一〇年）
慶應義塾史事典編集委員会『慶應義塾史事典』慶應義塾（二〇〇八年）

各章にて参考にした書籍等

一　福澤諭吉著　伊藤正雄校注『学問のすゝめ』講談社（二〇〇六年）
二　加藤三明・山内慶太・大沢輝嘉『福澤諭吉歴史散歩』慶應義塾大学出版会（二〇一二年）
砂田弘『咸臨丸の男たち』講談社（一九九〇年）
三　大澤輝嘉「耶馬溪─福澤と環境保全・朝吹英二生家跡」『三田評論』慶應義塾（二〇〇九年五月号）
嶋通夫「耶馬溪競秀峰」『福沢手帖　十二』福沢諭吉協会（一九七六年）
慶應義塾編『福澤諭吉書簡集　第七巻』岩波書店（二〇〇二年）
四　福澤諭吉「日本婦人論」『福澤諭吉著作集　第十巻』慶應義塾大学出版会（二〇〇三年）
福澤諭吉「日本婦人論後編」『福澤諭吉著作集　第十巻』慶應義塾大学出版会（二〇〇三年）
福澤諭吉「女大学評論」『福澤諭吉著作集　第十巻』慶應義塾大学出版会（二〇〇三年）

福澤諭吉「新女大学」『福澤諭吉著作集　第十巻』慶應義塾大学出版会（二〇〇二年）
西澤直子『福澤諭吉とフリーラヴ』慶應義塾大学出版会（二〇一四年）
『慶応義塾豆百科』慶應義塾（一九九六年）

五　小泉信三「河流」『小泉信三全集　第十八巻』文藝春秋（一九六七年）
小泉信三「学生に与う」『小泉信三全集　第十三巻』文藝春秋（一九六八年）
小泉信三「藤原工業大学開校式式辞」『小泉信三全集　第二十六巻』文藝春秋（一九六九年）
今村武雄『小泉信三伝』小泉信三先生伝記編纂会（一九八三年）
大久保忠宗「現代に生きる福澤諭吉のことば　その十四」『三田評論』慶應義塾（二〇〇七年六月号）
大澤輝嘉「藤原銀次郎と理工学部」『三田評論』慶應義塾（二〇一〇年一月号）
綿貫民輔「藤原工業大学予科の思い出と冶金工学科」『三田評論』慶應義塾（二〇一四年六月号）

八　菊谷匡祐『早慶戦の百年』集英社（二〇〇三年）
富永俊治『早慶戦百年　激闘と熱狂の記憶』講談社（二〇〇三年）
平沼亮三『スポーツ生活六十年』慶應出版（一九四三年）

九　桑原三二編著『福沢諭吉　留学した息子たちへの手紙』はまの出版（一九八九年）
富田正文編『福沢諭吉選集　第十四巻』岩波書店（一九八一年）
西川俊作　西澤直子編『ふだん着の福澤諭吉』慶應義塾出版会（一九九八年）

一〇　大澤輝嘉「三田演説館と稲荷山」『三田評論』慶應義塾（二〇〇六年五月号）
尾崎行雄『咢堂自傳』咢堂自傳刊行会（一九三七年）
小林惟司『ミネルヴァ日本評伝選　犬養毅』ミネルヴァ書房（二〇〇九年）
相馬雪香・富田信男・青木一能編著『咢堂　尾崎行雄』慶應義塾大学出版会（二〇〇〇年）
山陽新聞社編『話せばわかる　犬養毅とその時代　上・下』山陽新聞社出版局（一九八二年）

一一　小泉信三「学府と学風」『小泉信三全集　第十三巻』文藝春秋（一九六八年）

参考文献

小泉信三「スポーツが与える三つの宝」『練習は不可能を可能にす』慶應義塾大学出版会（二〇〇四年）
平沼亮三『スポーツ生活六十年』慶應出版（一九四三年）
松本興『聖火をかかげて　スポーツ市長・平沼亮三伝』聖火をかかげて刊行会（一九六三年）

一二
梅渓　昇『緒方洪庵と適塾』大阪大学出版会（一九九六年）
長与専斎「松香私志」『適塾と長与専斎—衛生学と松香私志』創元社（一九八七年）

一三
都倉武之「日吉台地下壕」『三田評論』慶應義塾（二〇一一年四月号）
日吉台地下壕保存の会編『フィールドワーク日吉・帝国海軍大地下壕』平和文化（二〇〇六年）
『「陸にあがった海軍」展目録』神奈川県立歴史博物館（二〇一五年）
『「慶應義塾の昭和二十年」展目録』慶應義塾大学アート・センター、慶應義塾福澤研究センター（二〇一五年）

一四
大澤輝嘉「ユニコンと大講堂」『三田評論』慶應義塾（二〇〇七年五月号）
大澤輝嘉「関東大震災とキャンパス」『三田評論』慶應義塾（二〇一四年八月号）
『慶応義塾豆百科』慶應義塾（一九九六年）

一五
小林澄兄「労作主義の思想と実際」『三田評論』慶應義塾（一九二六年二月号）
吉田小五郎『幼稚舎の歴史』（一九八四年）
慶應義塾普通部百年誌編集委員会『目路はるか　慶應義塾普通部百年誌』慶應義塾普通部（一九九八年）
「ＫＦ旧制普通部」編集委員会『ＫＦ旧制普通部』慶應義塾普通部（二〇一二年）

一六
福澤諭吉著・坂本多加雄編「明治十年丁丑公論」『福澤諭吉著作集第九巻』慶應義塾大学出版会（二〇〇二年）
福澤諭吉著・坂本多加雄編「西南戦争の利害損失を論ず」『福澤諭吉著作集第九巻』慶應義塾大学出版会（二〇〇二年）
福澤諭吉著・坂本多加雄編「西郷隆盛の処分に関する中津士族建白書」『福澤諭吉著作集第九巻』慶應義塾大学出版会（二〇〇二年）
福澤諭吉著・坂本多加雄編「南洲西郷隆盛翁銅像石碑建設主意」『福澤諭吉著作集第九巻』慶應義塾大学出版会（二〇〇二年）
福澤諭吉著・坂本多加雄編「維新第一の勲功」『福澤諭吉著作集第九巻』慶應義塾大学出版会（二〇〇二年）
坂野潤治「続・西郷隆盛と福沢諭吉」『福澤手帖一六一』福澤諭吉協会（二〇一四年）

一七　池井優『陸の王者慶應　体育会名勝負ものがたり』慶應通信（一九九五年）
池井優「慶應義塾とスポーツ」『講演集2　学ぶ楽しみ　生きる喜び』慶應義塾大学出版会（一九九八年）
掛貝芳男『よい言葉わるい言葉』港北（一九七六年）
菊谷匡祐『早慶戦の百年』集英社（二〇〇三年）
都倉武之「義塾銘品館　堀内敬三自筆「若き血」楽譜」『三田評論』慶應義塾（二〇一二年五月号）
富永俊治『早慶戦百年　激闘と熱狂の記憶』講談社（二〇〇三年）
堀内敬三「若き血を作ったときのこと」『慶應義塾野球部百年史・上巻』慶應義塾体育会野球部、三田倶楽部（一九六〇年）
一八　石黒敦子「慶應義塾図書館開館一〇〇年を迎えて」『三田評論』慶應義塾（二〇一二年六月号）
伊東彌之助「図書館物語」『慶應義塾大学百二十年の航跡』旺文社（一九七九年）
澁川雅俊「百年を書物抱きて」『三田評論』慶應義塾（二〇一二年六月号）
都倉武之「慶應義塾図書館　私立の気概を秘めた義塾のシンボル」『三田評論』慶應義塾（二〇一二年十二月号）
山内慶太「時は過ぎゆく　図書館の大時計と歌会始」『三田評論』慶應義塾（二〇〇九年一月号）
一九　大澤輝嘉「日吉キャンパスの銀杏並木」『三田評論』慶應義塾（二〇〇九年四月号）
佐藤春夫「佐藤春夫」『私の履歴書第四集』日本経済新聞社（一九五七年）
佐藤春夫「青春期の自画像」「詩文半世紀」『作家の自伝十二』日本図書センター（一九九四年）
山内慶太「大公孫樹と『丘の上』」『三田評論』慶應義塾（二〇〇七年十一月号）
「日吉キャンパスの自然」『塾』二九四号　慶應義塾（二〇一七年）
二〇　「三田祭の歴史」『塾』二〇八号　慶應義塾（一九九七年）
「慶應義塾の祭」『塾』二五二号　慶應義塾（二〇〇六年）
「慶應義塾百二十五年」編集委員会『慶應義塾百二十五年』慶應義塾（一九八三年）
二一　福澤諭吉著　伊藤正雄校注『学問のすゝめ』講談社（二〇〇六年）
福澤諭吉「学問のすゝめの評」『福澤諭吉著作集　第三巻』慶應義塾大学出版会（二〇〇二年）

小泉信三『福沢諭吉』岩波書店（一九六六年）
加藤三明・山内慶太・大澤輝嘉『福澤諭吉　歴史散歩』慶應義塾大学出版会（二〇一二年）
『元禄太平記　その時代と人々』学習研究社（一九七四年）

二二　福澤諭吉「改暦弁」『福澤諭吉全集　第三巻』岩波書店（一九五九年）
井上亮『熱風の日本史』日本経済新聞出版社（二〇一四年）
富田正文「後記」『福澤諭吉全集　第三巻』岩波書店（一九五九年）

二三　梅渓昇「戦後における福澤先生誕生地記念碑の再建経緯について」『福澤諭吉年鑑一四』福沢諭吉協会（一九八七年）
齋藤秀彦「父・福澤百助」『三田評論』慶應義塾（二〇一六年四月号）

二十四節気に関する書籍
白井明大『日本の七十二候を楽しむ　旧暦のある暮らし』東邦出版（二〇一二年）
奈良麻子企画・編集　加藤久人文『えこよみ』Think the Earthプロジェクト（二〇〇六年）

人名索引

本書を通して登場する「福澤諭吉」は除く

【あ行】

【か行】

【さ行】

【た行】

【な行】

【は行】

【ま行】

【や行】

【ら行】

事項索引

本書を通して登場する「慶應義塾」、「慶應義塾大学」は除く

【あ行】

【か行】

【さ行】

【ま行】

【や行】

【ら行】

【わ行】

著者紹介

齋藤　秀彦（さいとう　ひでひこ）

慶應義塾横浜初等部教諭。1991年慶應義塾大学経済学部卒業。1999年同大学院経営管理研究科修了（MBA）。株式会社ユナイテッドアローズ執行役員を経て，2013年より現職。2015年より慶應義塾福澤研究センター所員。編著に『福澤諭吉の『世界国尽』で世界を学ぶ』（ミネルヴァ書房）。

信時　茂（のぶとき　しげる）

慶應義塾横浜初等部教諭。彫刻家。1988年多摩美術大学美術学部卒業。1990年同大学院彫刻専攻修了。多摩美術大学彫刻科非常勤講師，東北芸術工科大学美術科講師等を経た後，2013年より現職。二科会会員。日本美術家連盟会員。

福澤諭吉と慶應義塾の歳時記

2018年4月1日　初版第1刷発行

著　者　齋藤　秀彦（文）・信時　茂（絵）
発行者　大坪　克行
発行所　株式会社　泉文堂
〒161-0033　東京都新宿区下落合1－2－16
電話　03(3951)9610　FAX　03(3951)6830

製版所　税経印刷株式会社
印刷所　株式会社技秀堂
製本所　牧製本印刷株式会社

ISBN978－4－7930－0617－3　C0037